Para mis hijos Romeo y Sienna. Para mi mujer Marianne.

# Los NFT: una nueva economía digital.

# Tabla de contenidos

«La innovación es una situación que elegimos porque tenemos una pasión ardiente por algo.»

Steve Jobs

# Prólogo

Estimados lectores y lectoras,

Han pasado muchos meses desde que deseaba escribir este libro. Escribir un libro en general. Elegí un tema apasionante, aparentemente complejo pero con múltiples puertas de entrada si se formulan las preguntas adecuadas desde el principio.

También decidí escribir este libro como reacción a los comentarios escépticos sobre el tema abordado aquí, con críticas justificadas que he encontrado tanto en mi entorno profesional como personal. Quizás parte de este libro sea una prueba, una forma de auto-convicción. Es muy probable. Como ocurre con muchas obras escritas. Pero sobre todo, alejado de las polémicas, mi enfoque se inscribe en una profunda sed de conocimiento, estudio y transmisión. Siempre manteniendo en mente la posibilidad de un intercambio, e incluso un debate. Manteniendo la voluntad de iluminar, sin complacencia, mi visión de esta innovación de nuevos activos digitales, desconocidos antes de 2021.

Los NFT, estas pequeñas criaturas digitales que han sacudido el mundo de la creatividad y la tecnología, han encontrado su camino hacia nuestras pantallas y hasta mi teclado, y ahora hasta vuestros ojos.

*"¿Qué aportan?"* me preguntarán. Permítanme decirles que traen un soplo de frescura y emoción a la economía digital, que realmente lo necesitaba. Estos tokens digitales únicos, tan singulares como una estrella de mar multicolor en un arrecife de coral anaranjado, son mucho más que simples archivos. Transforman obras de arte, música, videos y muchas otras creaciones en bienes digitales auténticos, permitiendo a los creadores recuperar el valor y el reconocimiento que merecen.

Pero, *¿dónde radica realmente su innovación?* Esa es una pregunta a la que nos sumergiremos juntos en las páginas de este libro. Comenzaré con definiciones, resaltando conceptos que considero fundamentales al abordar este tema. Lo diré muchas veces a lo largo de este libro: los NFT están desafiando las fronteras de la propiedad digital y creando nuevas oportunidades para artistas, creadores e incluso inversores experimentados. Abren las puertas a una economía digital donde la escasez, la singularidad y la transparencia se convierten en los pilares de valor. A diferencia de los archivos MP3, por ejemplo, que aparecieron a principios de los años 2000 y que llevaron a la industria musical al borde del colapso con su uniformidad, destruyendo la propiedad intelectual de los autores.

Me presento brevemente. Soy un responsable de innovación en una gran empresa, "jugando" con ideas y posibilidades del futuro. Escritor en mis momentos libres, siempre me ha fascinado el poder de las palabras para explorar nuevos horizontes. Y sí, también soy un inversor en criptomonedas, con una pasión desbordante por la tecnología blockchain. Sin embargo, quiero dejar claro que no soy un asesor de inversiones en ningún caso. Por favor, no tomen este libro como tal. Además, debo mencionar que he cometido muchos errores en este ámbito. Algunos de ellos aún costosos. Pero, *¿acaso los errores no son los cimientos de los éxitos futuros? ¿No es necesario pagar a veces para aprender?* En muchos campos, así lo creo.

No obstante, tengan cuidado con el dinero que decidan invertir y con sus responsabilidades si desean adentrarse más en el mundo de los NFT.

Estoy aquí, ante todo, para compartir mi experiencia, reflexiones y descubrimientos en este mundo en constante evolución.

En este libro, los guiaré a través de los secretos de esta revolución digital, explorando las múltiples facetas de los NFT. Descubriremos juntos cómo surgieron, cómo transformaron la industria de la creación y cómo cautivaron la imaginación de aficionados y coleccionistas de todo el mundo. También exploraremos los desafíos y oportunidades que presentan, y nos adentraremos en cuestiones cruciales como la sostenibilidad, la inclusión y el respeto a los datos personales.

Por lo tanto, explicaré por qué los NFT son útiles, utilizando ejemplos concretos pero no exhaustivos en el amplio campo de los descubrimientos. Explicaré por qué, a pesar de la drástica caída del mercado recientemente, aún creo en ellos.

Me esforzaré por explicar cómo adquirirlos de manera sencilla y comprensible. Luego detallaré los actores involucrados, como la industria cinematográfica, una pasión muy querida para mí. Continuaremos hablando de la correlación inherente de los NFT con los llamados *"metaversos"*, esos famosos mundos virtuales en la gran familia de la Web 3.0.

Finalmente, como les mencioné, cerraré con una mirada crítica a los desafíos futuros para esta tecnología si quiere perdurar, si es digna de ser completamente integrada en diversas industrias.

Prepárense para un viaje lleno de ejemplos, analogías, descubrimientos y perspectivas inesperadas. Porque los NFT son mucho más que archivos JPEG, bits y bytes. Son el reflejo de una nueva era, donde la tecnología y la creatividad se unen para dar forma al futuro de la economía digital.

Son el pilar de esta transición del Web 2.0, centralizado y en silos, hacia un internet donde la propiedad de los activos vuelva a manos de sus usuarios.

Ya sea que sean curiosos ansiosos por aprender más, artistas que buscan comprender cómo navegar en estas aguas digitales o inversores intrigados por las posibilidades que ofrecen los NFT, espero que este libro les brinde las claves para abrir las puertas de esta nueva economía digital.

Tengan en cuenta que algunos de mis datos se remontan a los inicios de los NFT, es decir, a 2021, cuando comencé a interesarme por el tema. Muchos de los datos de 2021 ya no son válidos hoy en día con la caída de las criptomonedas.

Atentamente,

Guillaume

# Capítulo 1 : Definiciones y mercado

Existe una "paradoja" digital a la hora de definir los NFT. Representan tanto "algo" como "nada" en absoluto al mismo tiempo. Esto depende del punto de vista que se adopte.

De hecho, estos famosos "Tokens No Fungibles" son activos digitales únicos que pueden tomar la forma de música, imágenes, videos, archivos de audio o incluso obras de arte. ¡Pero cuidado, no cualquier imagen o video! Son imágenes y videos que valen (o valían) a veces oro, o más bien millones de dólares, en el mercado de coleccionistas digitales. Estos archivos digitales todavía son considerados por muchos como joyas preciosas que se pueden exhibir con orgullo, un signo externo de riqueza digital. Y sin embargo, cuando se piensa en ello, no son tangibles, no son realmente reales (a diferencia de una moneda como el dólar, por ejemplo, que es tangible y puede intercambiarse por euros). Poseer un NFT es tener una idea, una representación, en lugar de un objeto físico. Su valor puede ser astronómico, como si tuviéramos un lingote de oro en nuestras manos.

Y todo esto, gracias a la tecnología blockchain que permite intercambiar estos NFT en una red ultra segura, a salvo de miradas indiscretas y de piratas informáticos.

Imaginad tener una caja fuerte digital en la que guardarías tus tesoros más preciados, con la esperanza de que aumenten de valor con el tiempo. La blockchain es un arma secreta que asegura estos activos digitales al registrarlos en una cadena de bloques que es prácticamente inviolable. ¿Por qué se elogia tanto la seguridad de la blockchain en comparación con otras bases de datos más tradicionales? Aquí es donde se debe explicar el concepto de *"hashing"*. El proceso de hashing de la blockchain implica tomar datos en bruto y convertirlos en una cadena de caracteres única que representa esa información de manera segura e inmutable. Los mineros, que aseguran la blockchain al verificar las transacciones, resuelven problemas matemáticos complejos para validar los bloques de transacciones y agregarlos a la blockchain.

Pero la magia no se detiene ahí. Supongamos que un minero malintencionado quiere tomar el control de una blockchain, como el protocolo de Bitcoin, por ejemplo. ¡Bueno, eso es prácticamente imposible! Es la famosa *"ley de los 51%"*. Esta ley establece que es prácticamente irrealizable para un minero poseer al menos el 51% del poder de cálculo de la blockchain, ya que requeriría una cantidad astronómica de recursos en términos de hardware, energía eléctrica y costos. Este enfoque sería poco rentable y poco práctico. Además, el número de mineros está en constante aumento, lo que dificulta aún más la adquisición de esa mayoría de poder de cálculo.

En resumen, la incorporación de los NFT en la blockchain se puede comparar con la adquisición de una armadura indestructible alrededor de nuestros archivos digitales más preciados y, por lo tanto, protegerlos de los peligros del mundo exterior.

Pero a pesar de su carácter único y su valor financiero, los NFT no siempre son comprendidos por todos. Para algunos, son simplemente archivos digitales como cualquier otro, sin un valor real. Pero para otros, representan un nuevo mundo de posibilidades, una forma de repensar nuestra relación con los objetos y el arte en un mundo cada vez más digital. Los NFT son tanto objetos reales como virtuales, que existen en un espacio intermedio entre ambos, como fantasmas digitales que navegan en nuestro mundo conectado.

El principio de *"descentralización"* que está en el corazón del mercado de criptomonedas y NFT puede parecer intimidante al principio, pero en realidad es una verdadera revolución. ¡Adiós a los intermediarios que cobran comisiones en cada transacción! Los NFT, al igual que las criptomonedas, funcionan en redes distribuidas que permiten que cualquiera participe en la creación de valor sin estar controlado por una autoridad central.

En otras palabras, el mercado de NFT está abierto a todos y los precios son determinados por el simple encuentro entre la oferta y la demanda. Además, hay que admitir que esto añade un toque de fantasía al mundo financiero: los NFT son como joyas escondidas en una caja fuerte digital, y su valor es determinado por la comunidad. Imagina encontrarte en el Oasis de *"Ready Player One"* (Steven Spielberg, 2007) participando en una gran caza del tesoro digital, donde cualquiera puede participar y esperar encontrar la joya rara.

A diferencia de una criptomoneda como Bitcoin, donde cada unidad tiene el mismo valor que las demás, cada NFT es único y no se puede intercambiar con otro NFT del mismo tipo. Esta característica hace que las transacciones de NFT sean particularmente interesantes para coleccionistas, amantes del arte e inversores.

Al comprar un NFT, el comprador no recibe el objeto físico en sí, sino más bien datos que prueban su propiedad sobre ese objeto digital. Esta particularidad de los NFT ha abierto un nuevo mercado para artistas, músicos, escritores y creadores en general. Los NFT les permiten vender sus creaciones digitales directamente a sus fans y coleccionistas, sin necesidad de recurrir a intermediarios tradicionales como galerías de arte o casas de subastas.

Como hemos visto, la blockchain garantiza la seguridad y la trazabilidad a los poseedores de NFT. Cada NFT se registra en una cadena de bloques segura que permite rastrear todas las transacciones realizadas con ese activo digital. Estos elementos han hecho que los NFT sean muy atractivos para coleccionistas e inversores que buscan proteger sus activos digitales.

El valor de los NFT es determinado por la comunidad que los compra y vende. Los NFT más valiosos son aquellos que tienen una historia particular o que han sido creados por artistas reconocidos. Sin embargo, incluso los creadores novatos pueden beneficiarse de los NFT al ofrecer creaciones originales y atractivas. Es por eso que los NFT han abierto nuevos horizontes para los creadores y los inversores, al brindarles una forma única de vender y poseer activos digitales únicos, manteniendo al mismo tiempo el vínculo con sus comunidades, que cada vez son más reacias a confiar sus datos personales (y activos) a entidades centralizadas como Meta o Google.

Al principio, el mercado de los NFT estaba lejos de ser un nicho. Es importante tener en cuenta que el tamaño del mercado de NFT puede variar según la fuente, ya que no todas las compras se registran en la cadena de bloques.

El mercado de los NFT ha experimentado un crecimiento expansivo, lejos de ser una simple tendencia pasajera. En 2020, aproximadamente se intercambiaron 250 millones de dólares en NFT en las principales plataformas de compra de estos tokens. Una suma colosal que reflejaba el creciente interés de los inversores en los NFT. Pero eso no es todo: en el tercer trimestre de 2021, DappRadar, la base de datos de referencia para criptomonedas y aplicaciones descentralizadas, estimaba la capitalización de mercado del mercado de NFT en 14,19 mil millones de dólares.

Esta cifra resultaba asombrosa, especialmente si se comparaba con el año anterior, cuando el mercado apenas representaba 50 millones de dólares. Fue un increíble aumento del 40,000% en solo un año. Sin embargo, es importante tener en cuenta que el tamaño del mercado de NFT puede variar según las fuentes de información, ya que no todas las compras se registran en la cadena de bloques.

Sin embargo, destaquemos este mundo dorado: el año 2022 fue un período difícil para los NFT y, en general, para todo el mercado de criptomonedas. Los NFT, que experimentaron un rápido crecimiento en 2021, sufrieron una disminución significativa en su valor a partir del comienzo de 2022. Las malas noticias se sucedieron. Meta cerró su división dedicada a los NFT y muchos proyectos colapsaron. Esta caída se debió a varios factores.

En primer lugar, hubo una corrección general en el mercado de criptomonedas que también afectó a los NFT. Los volúmenes de transacciones disminuyeron considerablemente y los precios de los NFT se estabilizaron. Esta corrección fue iniciada por varios eventos, como las medidas regulatorias tomadas por algunos países, la presión de los reguladores sobre los intercambios de criptomonedas y la extrema volatilidad de los precios. Esta corrección resultó en una caída de los precios de las criptomonedas, incluyendo los NFT.

Sin mencionar la dimensión especulativa asociada a algunos NFT. ¿Cómo imaginar que algunos dibujos puedan valorarse en cientos de miles de dólares de la noche a la mañana, sin ninguna otra razón que las "select parties" en Nueva York, Londres o París? La burbuja estaba destinada a desinflarse.

Además, el mercado de NFT está actualmente controlado por unos pocos privilegiados. Un dato interesante para observar es que el

9% de los poseedores de NFT en el mundo concentran el 90% del valor total de mercado de estos activos digitales. Por lo tanto, todavía es un mundo de privilegiados, bien informados y a menudo expertos.

Luego, hubo una saturación en el mercado de NFT. De hecho, el mercado experimentó un crecimiento exponencial en 2021, atrayendo a muchos inversores y coleccionistas. Esta afluencia provocó un aumento en los precios de los NFT, alcanzando niveles históricos. Sin embargo, este crecimiento desenfrenado también generó preocupaciones sobre la viabilidad a largo plazo del ecosistema NFT. Esta saturación finalmente condujo a una caída en los precios de los NFT debido a una oferta demasiado grande en relación con la demanda.

Algunos artistas se beneficiaron de ventas lucrativas, pero también hubo casos en los que las obras se compraron únicamente con el objetivo de revenderlas rápidamente con fines de lucro. Esta especulación planteó interrogantes sobre el valor real de los NFT.

Por último, hubo problemas técnicos que afectaron a algunas plataformas de NFT. Se produjeron interrupciones de servicio, fallas y vulnerabilidades de seguridad en algunas plataformas, lo que resultó en pérdidas financieras para los inversores y una desconfianza creciente hacia el ecosistema NFT.

En resumen, la crisis de las criptomonedas en 2022 afectó a todo el ecosistema de los NFT, provocando una disminución significativa en los precios y una mayor desconfianza hacia esta tecnología.
Es cierto que las inversiones en NFT experimentaron una fuerte disminución después del entusiasmo inicial. Las empresas

especializadas en NFT recaudaron 2.9 mil millones de dólares en 2021, pero "solo" 2.1 mil millones en el primer trimestre de 2022. Muchas grandes empresas también incursionaron en este campo antes de retractarse, como Porsche, cuya colección de NFT resultó en un fracaso. La tendencia se ha invertido con escándalos y estafas que han dañado la reputación del sector y con quiebras de empresas cripto que han enfriado a los inversores. Hoy en día, se realizan menos acuerdos por mucho menos dinero, con solo 131 millones de dólares invertidos en el último trimestre de 2022 y 78 millones en el primer trimestre de 2023.

Sin embargo, algunos expertos consideran que este período de turbulencia es necesario para la evolución a largo plazo de los NFT y que esta tecnología aún puede aportar innovaciones importantes a la economía digital. Influyentes tomadores de decisiones de la comunidad NFT, como Nicolas Julia, el fundador de Sorare, incluso consideran que la regulación del mercado es una oportunidad para todo el sector, ya que a largo plazo permitirá regular esta economía de manera legal y transparente. Esto ayudará a recuperar la confianza de los compradores, coleccionistas y jugadores.

Los NFT están atravesando un período de turbulencia, sin embargo, esto no disminuye la importancia del extraordinario potencial de una nueva economía cuya popularidad sigue creciendo.

Cada vez más seguidores de la colección digital están invirtiendo en estos activos digitales únicos, que combinan hábilmente la forma de obras de arte con símbolos de prestigio social. No hay duda de que el mercado de los NFT seguirá creciendo con fuerza en los próximos años, para deleite tanto de los inversores como de los artistas.

Más allá de todas estas consideraciones económicas, surge una pregunta: ¿para qué sirve un NFT?

# Capítulo 2 : ¿Cuál es la utilidad de los tokens no fungibles? ¿Para qué y cómo se ha desarrollado esto?

Con los NFT, tenemos este nuevo juguete de moda en el mundo de los inversores y los artistas. Pero seamos honestos, ¿cuántos de nosotros realmente entendemos de qué se trata? Muchas personas se han sumergido en este mundo sin comprender realmente los desafíos. Más allá de algunos casos emblemáticos de éxito que abordaré, veremos hasta qué punto los NFT también representan un hito en la historia del derecho y la propiedad intelectual.

En realidad, el tema a destacar es el de la "*tokenización*" de los activos, entre otros, es decir, la desmaterialización de una cierta parte de nuestras posesiones, nuestros objetos, nuestras monedas... Veremos que es posible categorizar estos casos de aplicación para comprender mejor el concepto de "*tokenización*".

## Una revolución en el campo del derecho y la propiedad intelectual

La adquisición de un NFT tiene un valor intrínseco singular para los coleccionistas y compradores informados, que implica el reconocimiento y apoyo a la creación artística. La compra de un NFT permite remunerar al autor original, al tiempo que brinda la oportunidad de revender la obra digital en un mercado secundario a un precio ventajoso. Esta transacción beneficiosa no se limita al comprador, ya que cada venta se registra en la cadena de bloques y permite al artista recibir una comisión sobre los ingresos generados. De este modo, la compra de un NFT contribuye a la promoción de la diversidad cultural y respalda la creación artística contemporánea.

Tomemos como ejemplo a un artista que crea una obra de arte digital, como una imagen o una animación. Al crear un NFT para esta obra, el artista puede venderlo a un comprador que se convierte en el único propietario de dicha obra. Además, el artista puede incluir cláusulas en el contrato inteligente que rige el NFT, permitiendo recibir un porcentaje de cada transacción futura de la obra. Esto es inmutable, automático, infalsificable y rastreable de principio a fin en la cadena de bloques. Una especie de automatización de retribuciones, por así decirlo.

Supongamos ahora que el comprador decide revender la obra a un coleccionista por un monto mayor al que pagó inicialmente. En este caso, el artista recibirá automáticamente un porcentaje de esta nueva transacción, incluso si ya no está directamente involucrado en la compra o venta de la obra. Esta funcionalidad permite que el artista continúe beneficiándose financieramente de su trabajo, incluso después de vender la obra a un comprador inicial.

Sin embargo, hay que tener en cuenta que este mecanismo de regalías automatizadas está sujeto a ciertas consideraciones, ya que algunas plataformas, como Opensea, aplican sus propios porcentajes de reparto de ingresos. Por lo tanto, si creas tu NFT en Opensea antes de venderlo en otra plataforma (por ejemplo, Rarible), el porcentaje de redistribución que hayas establecido en tu código deberá ser pagado manualmente por Opensea. Esto puede ser complejo y no existe una verdadera estandarización al respecto. Otro aspecto a destacar es la incapacidad, en algunos contratos inteligentes, de que el creador pueda ingresar directamente este porcentaje de ingresos automatizado.
La mayoría de los códigos son más sencillos y solo permiten ingresar ciertas características (nombre, tamaño, color, etc.).

Es por eso que los creadores de NFT suelen preferir desarrollar sus propios mercados para mantener el control sobre todos los atributos de sus activos digitales: precio, redistribuciones de dinero, porcentajes de ganancia.

Pero esto no cambia la nueva relación entre compradores y coleccionistas permitida por los NFT. El comprador inicial puede obtener ganancias al vender la obra a un precio más alto que el que pagó, mientras que el coleccionista puede adquirir una obra de arte única que ya tiene un valor establecido en el mercado. La creación y compra de NFT permiten que todos los participantes se beneficien del valor de la obra de arte digital, al tiempo que aseguran que el artista original reciba una compensación justa por su trabajo. Es una forma innovadora de apoyar la creación artística y ofrecer una oportunidad de inversión interesante para los coleccionistas y los inversores.

Tomemos otro ejemplo. Imaginemos que tú, como lector, compras una semilla rara y única. Puedes plantarla, verla crecer, contemplarla y cuidarla. Y si algún día decides venderla, puedes hacerlo a otro jardinero dispuesto a pagar un precio más alto por tener esa planta rara en su jardín. Al vender esta planta rara, puedes recuperar parte del dinero que invertiste inicialmente, pero también el jardinero inicial que te vendió la semilla recibirá una parte de ese dinero por haber proporcionado esa semilla única. Y así, el valor de la semilla sigue aumentando en cada venta, al tiempo que apoya a la comunidad de jardineros que la cultivan. ¡Es como un círculo virtuoso en el que todos salen ganando!

En el mundo de los NFT, los creadores son los principales beneficiarios de cada transacción. Independientemente de su profesión, ya sean artistas, autores, músicos u otros, los poseedores de estos tokens únicos pueden disfrutar de un porcentaje en cada reventa. Esto puede ser particularmente ventajoso para un artista que desea vender una obra en una plataforma de NFT. La mejor manera de explicar fácilmente la contribución de un NFT (y de la cadena de bloques en general) en comparación con una base de datos tradicional es definir el contrato inteligente. Personalmente, comienzo todas mis intervenciones sobre el tema con esta explicación.

Gracias a los contratos inteligentes, un artista puede recibir hasta un 10% en cada venta de forma instantánea, a diferencia de la venta tradicional donde los derechos asignados al autor pueden ser nulos. Por supuesto, los porcentajes pueden variar según el artista, pero esta es un promedio. Para ilustrar este punto, tomando como referencia la situación actual, tomemos el ejemplo de un artista que vende una pintura por $1000 en el mercado del arte tradicional. En caso de que esta obra aumentara de valor en el futuro, el artista no podría beneficiarse de la plusvalía creada. Esto es especialmente cierto en los Estados Unidos. Sin embargo, en la mayoría de los países europeos, es posible firmar un contrato y recibir un pago negociado en cada reventa, conocido como "derecho de suite". Este principio jurídico permite que los artistas reciban una remuneración cuando sus obras se revenden.
Concretamente, esto significa que cada vez que una obra de arte se revende, una parte del precio de venta debe ser devuelta al artista o a sus herederos. El derecho de suite se aplica en muchos países, especialmente en Europa, y su monto varía según el valor de la obra.

En mercados más grandes como Estados Unidos o China, gracias a los NFT, un contrato inteligente puede ser programado para incluir una regalía, permitiendo así que el autor reciba ingresos regulares de su creación.

Todo automatizado, seguro y rastreable en el código de origen del activo, gracias una vez más a la blockchain.

El token no fungible es, por lo tanto, un certificado de propiedad 2.0. También es "*nativo de Internet*", ya que afecta a generaciones que no conocen la era anterior a la web. Es una revolución del principio de "*copyright*" tradicional, con pruebas que se realizan en papel y que pueden ser falsificadas o perdidas. A diferencia de los archivos MP3, que tuvieron su momento de gloria a principios de los años 2000, el NFT compartido y vendido permite el pago de derechos a los autores. El MP3, por su parte, era duplicable infinitamente y estaba destinado a redes peer-to-peer donde predominaba la gratuidad.

La revolución de los NFT puede considerarse como una respuesta a la crisis del derecho de autor generada por la era digital. El archivo MP3, que tuvo un éxito fenomenal en los años 2000, contribuyó en gran medida a la devaluación de las obras musicales y a una caída en los ingresos de los artistas. La distribución gratuita de archivos musicales en línea contribuyó a la banalización de la música, que se hizo ampliamente accesible para todos, pero también minó el valor artístico y económico de la música. Incluso podríamos decir que, sin la llegada de los MP3, no conoceríamos las plataformas de streaming donde la música, desmaterializada, se alquila.

En Spotify o Qobuz, nunca poseemos la música que escuchamos. Con los NFT, ocurre todo lo contrario. Siguiendo la imagen de esta nueva Web 3, descentralizada, donde el usuario recupera sus propiedades digitales, el NFT devuelve el valor del activo a manos de quien lo compra. Muchas personas que hoy critican los NFT llamándolos una "*burbuja especulativa*" harían bien en investigar más, incluidos los productores de música o cine.

Algunas cifras son reveladoras. Imagina que un artista quiere publicar su contenido en plataformas centralizadas. El porcentaje de comisión, si se monetiza, puede llegar hasta el 30% para una publicación en la App Store de Apple, por ejemplo. Incluso el 45% en YouTube y hasta el 100% en herramientas de Meta (Facebook, Instagram) o Twitter. Sin embargo, ese mismo contenido, disponible en Opensea, el primer mercado de NFT del mundo, solo se verá afectado por una comisión del 2,5%. Si miramos los ingresos promedio por una obra dependiendo de si se publica en entidades centralizadas (GAFAM) u Opensea, las cifras son sorprendentes. Es cierto que la audiencia es la de David contra Goliat, pero para una misma obra, un autor que publique en Opensea podría obtener ingresos promedio de 150,000 euros, frente a 0,10 euros en Facebook. Sin embargo, debemos matizar nuestro argumento. En primer lugar, no todo el mundo es Banksy o Beeple, para cultivar su rareza y renombre artístico. Además, la visibilidad de un contenido en Facebook, en comparación con Opensea, es 10,000 veces mayor (aproximadamente 3 mil millones de canales creativos en Facebook frente a 300,000 en Opensea).

Los NFT ofrecen una solución innovadora al permitir que los creadores conserven la propiedad de sus obras digitales mientras reciben una remuneración justa a través de un contrato inteligente. Ese es su elemento fundacional. Esta tecnología devuelve a los artistas un valor económico y un reconocimiento por su trabajo, lo que puede fomentar la creación y la difusión de nuevo contenido de calidad. Estamos lejos de la mala prensa que algunos, incluso en el ámbito artístico, le dan a los NFT.

### Éxitos fulgurantes emblemáticos

Pongamos de relieve algunos ejemplos recientes que respaldan el éxito evidente de los tokens no fungibles. Todos son solo ejemplos y no exhaustivos.

El mundo de Internet puede parecer a veces muy extraño. ¿Cómo se explica que un simple gif animado de un gato paseando por el espacio pueda valer cientos de miles de dólares? Y sin embargo, eso es exactamente lo que sucedió con "*Nyan Cat*", el video viral que recorrió el mundo en 2011. En ese momento, su creador, Chris Torres, solo recibía una escasa compensación de Google por las vistas de su video. Pero recientemente, para celebrar los 10 años de este fenómeno, decidió convertirlo en un NFT, un token único que garantiza la propiedad de la obra en la cadena de bloques.

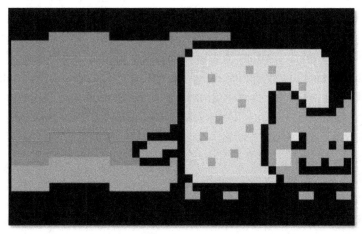

*Nyan Cat – Chris Torres*

¡El resultado? ¡El NFT de "*Nyan Cat*" se vendió en una subasta por la modesta suma de 600.000 dólares! Pero eso no es todo, ya que cada vez que la obra se revenda, Chris Torres también recibirá un porcentaje. Una oportunidad para un artista que dejó pasar muchas oportunidades de ganar dinero durante la primera monetización de su obra en Youtube.

El "*Nyan Cat*" no es el único ejemplo de una obra que ha tenido una segunda vida gracias a los NFT. En marzo de 2021, la artista

Grimes vendió una colección de diez obras NFT por más de 6 millones de dólares en tan solo 20 minutos. Si no conoces a Grimes, es una artista canadiense que es cantante, músico, compositora y productora de música electrónica. Al vender sus obras en forma de NFT, pudo establecer una nueva fuente de ingresos y obtener una parte de cada transacción futura.

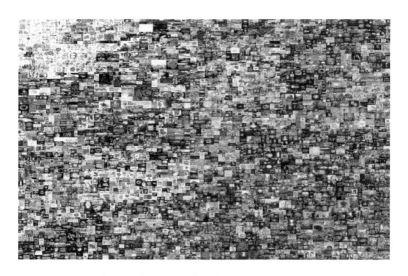

*Everydays : the First 5000 days – la obra de Beeple*

El mundo de la moda tampoco se ha escapado del entusiasmo por los NFT. Volveremos sobre esto más adelante en este libro, pero en abril de 2021, la casa de moda Gucci lanzó una colección de zapatillas virtuales en forma de NFT. Estos zapatos se vendieron por alrededor de 12.000 dólares cada uno, y los compradores recibieron un token único que demostraba su propiedad de la obra. Aunque pueda parecer ridículo, es una tendencia que se está instalando gradualmente y que ofrece una nueva forma de coleccionar artículos de moda exclusivos.

Cuando hablamos de arte digital, algunos puristas aún pueden alzar los ojos al cielo. Pero Beeple, cuyo verdadero nombre es Mike Winkelmann, logró callar las críticas con una de sus creaciones: "*Everydays: the First 5000 days*".Se trata de un "collage" digital de 5000 imágenes que se vendió en la casa de subastas Christie's por la asombrosa suma de 69,3 millones de dólares. Sí, lo leíste bien. 69,3 millones. ¡Por un collage digital! Por supuesto, algunas de las primeras imágenes fueron dibujadas a mano, pero la mayoría fueron producidas por computadora, con figuras famosas de la cultura pop como Jeff Bezos y Donald Trump en el fondo. Algunos críticos de arte vieron en la obra una denuncia de los estereotipos asociados con la discriminación.

Lo que es aún más notable es el comprador de la obra: un desarrollador de Singapur llamado Vignesh Sundaresan, que utilizó el seudónimo de MetaKovan. Compró el NFT por la cantidad de 42.329 Ether, la segunda criptomoneda más grande después de Bitcoin, utilizada para comprar NFT. En ese momento, esto equivalía a aproximadamente 69,3 millones de dólares, lo que convirtió esta venta en la más grande registrada para un NFT. Sundaresan es conocido por haber adquirido una importante colección de arte digital y otros NFT. Esta adquisición situó a Beeple entre los artistas mejor pagados del mundo. *¿Por qué vender una sola imagen a un precio exorbitante cuando se pueden vender 5000?*

Los NFT tienen el poder de cambiar la forma en que los artistas son remunerados por su trabajo. Antes de su invención, la monetización del arte digital era difícil, e incluso imposible, porque era fácilmente copiable y distribuible de forma gratuita. Los NFT han creado un nuevo mercado para el arte digital, permitiendo a los artistas vender sus obras a precios récord y recibir una parte de los ingresos en cada reventa. Por supuesto, esto no significa que todos los artistas digitales se convertirán en millonarios de la noche a la mañana, pero ciertamente abre el camino a una nueva fuente de ingresos para los creadores.

La popularidad y la especulación que rodea a los NFT han elevado los precios de algunas obras a alturas astronómicas. Sin embargo, esto no significa que todos los NFT se puedan vender por una fortuna sin tener en cuenta la calidad creativa de la obra. De hecho, algunas campañas de venta de NFT han fracasado debido a la falta de originalidad o creatividad de la obra ofrecida.

Por ejemplo, en 2021, la cadena de comida rápida Taco Bell lanzó una campaña de NFT para celebrar su menú de tacos. La campaña ofrecía NFT de tacos digitales que se subastaban en la plataforma blockchain Rarible. Sin embargo, esta campaña fue ampliamente criticada por su falta de originalidad y creatividad. Los "*tacos digitales*" ofrecidos eran simplemente imágenes en 3D de los tacos del menú de Taco Bell, con el logo de la cadena de comida rápida estampado en ellos. Las subastas de estos NFT cayeron rápidamente, reflejando la falta de interés en esta oferta poco innovadora. Más recientemente, Porsche intentó incursionar en este universo al ofrecer una subasta de 1.500 NFT que representaban autos de carrera legendarios de la marca. Desafortunadamente, la campaña fue un fracaso total, ya que la plataforma NFT elegida para la venta tuvo muchos problemas técnicos.

El evento, organizado en colaboración con la plataforma de mercado NFT Fanzone, debía comenzar originalmente el 14 de abril de 2021. Sin embargo, debido a problemas técnicos, la venta se pospuso dos días y los posibles compradores comenzaron a expresar su frustración en las redes sociales.

Finalmente, la venta fue cancelada después de que los compradores informaran problemas para acceder a la plataforma y comprar los NFT. Porsche declaró que la cancelación del evento se debió a "problemas técnicos imprevistos" y que trabajarían con Fanzone para resolver los problemas.

El incidente demuestra que la especulación en torno a los NFT no puede existir sin la creatividad y que las empresas deben asegurarse de que las plataformas elegidas para sus campañas sean confiables y capaces de manejar el tráfico esperado. Para empresas como Porsche o Taco Bell, la creación de NFT puede ofrecer una nueva forma de conectarse con los fanáticos y coleccionistas, pero esto requiere una planificación cuidadosa y atención especial a la experiencia del usuario.

Los "pro-NFT" y los "anti-NFT" podrían tener razón: la especulación innegable en torno a los NFT no puede funcionar sola sin una creatividad original. Los consumidores son atraídos por la innovación y la originalidad, y es menos probable que paguen grandes sumas por productos que carecen de estos elementos. En última instancia, el entusiasmo por los NFT no puede sostenerse únicamente a través de la especulación. Debe haber una verdadera creatividad para que estos productos sigan captando la atención.

### ¿Qué se entiende por "tokenización" de activos?

La "*tokenización*" de activos es un proceso que consiste en transformar activos tradicionales, como acciones, bienes raíces u obras de arte, en "tokens", que son unidades digitales que pueden ser intercambiadas en una blockchain. Como hemos visto anteriormente, la blockchain permite almacenar y transmitir información de manera transparente y segura. Otro aspecto fundamental de la aportación tecnológica de la blockchain es el protocolo de consenso. En efecto, una blockchain no puede perdurar sin acuerdos comunes de todos sus participantes en relación con las decisiones importantes de dicha blockchain. En otras palabras, si creamos una blockchain todos juntos (mis lectores y yo) y distribuyo un "token" de gobernabilidad, una especie de derecho de voto, para todas las decisiones centrales de nuestra cadena de bloques, no podría imponer el color rojo en la portada de mi libro, contra la voluntad de todos, si los miembros de mi comunidad no me siguieran en este aspecto.

Volviendo a la "*tokenización*", estos "tokens" están disponibles en un registro inmutable de transacciones al alcance de todos. La "*tokenización*" de activos permite hacer que los activos ilíquidos sean fácilmente negociables y divisibles. Estos "tokens" pueden ser fraccionados en pequeñas unidades, lo que permite que un mayor número de inversores compren partes de un activo, incluso si les resulta imposible adquirir el activo completo. Esto hace que los activos sean más accesibles para los inversores individuales.

Este proceso de transformación también ofrece varias ventajas en términos de transparencia y seguridad. Las transacciones en la blockchain son verificables y rastreables, lo que reduce los riesgos de fraude y corrupción. Además, la "*tokenización*" ayuda a reducir los costos de transacción y eliminar intermediarios, lo que puede mejorar la eficiencia y rapidez de las transacciones.

Antes de mencionar ejemplos más detallados a continuación, la "*tokenización*" de activos tiene muchas aplicaciones potenciales. Puede utilizarse para "*tokenizar*" acciones, bonos y otros instrumentos financieros. También puede utilizarse para "*tokenizar*" bienes raíces, obras de arte y otros activos que no son líquidos.

En el mundo de las finanzas, la "*tokenización*" de activos se considera a menudo como una forma de democratizar la inversión al permitir que los inversores individuales participen en ofertas que antes estaban reservadas a inversores institucionales.

Sin embargo, la "*tokenización*" de activos también plantea una serie de cuestiones regulatorias y legales. Los reguladores deben determinar cómo tratar los "tokens" en términos de seguridad y protección de los inversores. Las cuestiones de propiedad y gobernanza también pueden ser complejas en el caso de bienes raíces y obras de arte.

Transformar activos tradicionales en "tokens" para hacerlos más accesibles, divisibles y transparentes es un desafío considerable que podría alimentar otro libro completo. Entre los ejemplos más reveladores de "tokens" que ayudan a comprender mejor este proceso, aquí hay una lista resumida de aplicaciones.

**Los "tokens" de pago:** Imagina que estás en un restaurante y quieres pagar tu comida con bitcoins. Aquí es donde entran en juego los tokens de pago. Los tokens de pago son como mensajeros de tus bitcoins. Son enviados en lugar de tus valiosos bitcoins para realizar el pago. Esto te permite mantener tus bitcoins seguros en tu billetera mientras los tokens hacen el trabajo por ti.

Los tokens de pago son como un equipo de fútbol. Puedes considerar tus bitcoins como los jugadores estrella del equipo, pero los tokens de pago son los trabajadores incansables que hacen la mayor parte del trabajo en el campo. Corren, driblan y anotan puntos para el equipo. De la misma manera, los tokens de pago permiten a los usuarios transferir fondos de manera rápida y eficiente sin sacrificar la seguridad de sus valiosas criptomonedas.

Los tokens de pago también son un poco como tarjetas de regalo. Puedes comprar una tarjeta de regalo para tu restaurante favorito y usarla para pagar tu comida. De manera similar, puedes intercambiar criptomonedas por tokens de pago que se pueden utilizar para realizar transacciones en lugares donde se acepta criptomonedas. Esto permite a los usuarios disfrutar de la conveniencia de las transacciones con criptomonedas mientras evitan las complejidades y los riesgos asociados con la tenencia de criptomonedas.

En última instancia, los tokens de pago facilitan el uso de criptomonedas como medio de pago en el mundo real. Permiten a los usuarios mantener sus valiosas criptomonedas seguras mientras realizan transacciones rápidas y eficientes. Son representantes de tus criptos. Es una herramienta esencial para los usuarios de criptomonedas que desean utilizar sus fondos para comprar bienes y servicios, y es un paso importante en la adopción de criptomonedas como medio de pago común.

**Los "tokens" de gobernanza:** ¡Este es uno de los aspectos más emocionantes de la blockchain! En pocas palabras, estos "tokens" son como boletas de voto en una elección. Pero esta vez, es para decidir el futuro de una blockchain. Si posees "tokens" de gobernanza, puedes participar en elecciones para tomar decisiones importantes, como agregar nuevas características o modificar las reglas de la blockchain. Es un poco como ser miembro de la junta directiva de una empresa, pero sin tener que preocuparte por la política de trajes y corbatas.

Sin embargo, ten en cuenta que los "tokens" de gobernanza a menudo pueden dar poder a un grupo reducido de personas, o incluso a una sola persona. Si bien el protocolo de consenso prevalece, como vimos anteriormente, en las decisiones importantes de la blockchain, lo hace en PARTES IGUALES. Ese punto faltaba en mi exposición idílica. La cantidad de tokens que poseas afecta el poder de decisión que tengas sobre la blockchain. Volviendo a mi ejemplo, si hay 100 tokens disponibles, provenientes de la blockchain que creamos juntos, y yo tengo 50 y todos ustedes tienen 50, entonces tendría derecho a poner rojo en mi portada. Al menos mi voz pesaría más (a menos que tenga que enfrentarme a una "frente anti-rojo").

Esto puede ser problemático si las personas toman decisiones que van en contra del interés comunitario. Imagina si fueras un votante y te das cuenta de que tu voto es inútil porque una sola persona tiene suficientes "tokens" para tomar todas las decisiones por sí misma. Sería como ser un fanático de baloncesto y darte cuenta de que el propietario del equipo decide los traspasos de jugadores sin tener en cuenta las opiniones de los seguidores.

En última instancia, los "tokens" de gobernanza pueden ser una herramienta poderosa para dar a los usuarios una voz en la evolución de la blockchain. Pero es importante asegurarse de que el poder se distribuya de manera justa y que las decisiones tomadas reflejen el interés de la comunidad.

De lo contrario, puede llevar fácilmente a una situación en la que las decisiones sean tomadas por un pequeño grupo de personas sin tener en cuenta a otros usuarios de la blockchain.

Es por eso que el criterio organizativo entra en juego. Son las famosas "Organizaciones Autónomas Descentralizadas" o DAO (por sus siglas en inglés).

Aquí no hay CEO, no hay Presidente. Las decisiones son tomadas por toda la comunidad.

Todos los parámetros pueden ser modificados y establecidos desde el inicio en la creación de la blockchain (incluyendo el número de "tokens" poseídos). Esta organización es gestionada por un conjunto de reglas programadas en un contrato inteligente, que permiten a los miembros tomar decisiones de manera democrática y transparente.

Los DAO se utilizan con frecuencia para la gestión de proyectos, la gobernanza comunitaria o la administración de fondos.

Un ejemplo de DAO es Yearn Finance, una plataforma que busca maximizar los rendimientos de las inversiones en criptomonedas. Los miembros de la comunidad Yearn pueden votar en propuestas de inversión y en modificaciones a realizar en la plataforma. Las decisiones se toman de manera democrática, en función del número de tokens de gobierno que cada miembro posee. Gracias a la transparencia y descentralización de la DAO, los usuarios pueden confiar en la plataforma sin temor a manipulaciones o fraudes.

**Los "tokens" de seguridad:** Los tokens de seguridad son como si pusieras tu dinero en una caja fuerte de acero blindado. Sabes que está ahí, sabes que es seguro, pero no puedes realmente tocarlo o verlo. Es como si tu abuela guardara tu regalo de Navidad favorito bajo llave, y solo puedes acceder a él si sigues las reglas (o pagas un precio exorbitante). Al menos, con los tokens de seguridad, sabes que tu inversión está segura y que nadie se va a escapar con tu casa (a menos que los ladrones sean realmente buenos en hackear). Es como tener tu propio pequeño mundo dentro de la blockchain, donde todo es seguro y protegido, como un mini Disneyland sin las interminables filas y los precios excesivos de las palomitas de maíz.

**Los "tokens" de videojuegos :** volveremos sobre esto más adelante en el capítulo dedicado al metaverso, pero en pocas palabras, estos tokens de juegos están en crecimiento.

Imagina un videojuego donde has encontrado una espada mágica rara que puedes usar para derrotar enemigos y ganar puntos (gracias Fortnite). Ahora, a diferencia de Fortnite, imagina que esta espada mágica rara también se puede comprar y vender en un mercado secundario. Eso es exactamente lo que hacen los tokens de juegos de video tipo metaverso, que definiremos más adelante. Ofrecen una doble oportunidad para los inversores: la posibilidad de jugar el juego y ganar objetos virtuales de valor, y la posibilidad de revender esos objetos en plataformas de intercambio secundarias. Esto puede crear un próspero ecosistema económico donde los jugadores realmente ganan dinero jugando videojuegos.

Por ejemplo, en el juego Axie Infinity, los jugadores pueden ganar tokens criptográficos criando y luchando contra criaturas virtuales llamadas Axies, que luego pueden venderse en intercambios de criptomonedas. Es como si estuvieras ganando dinero jugando videojuegos en línea, pero con verdaderas repercusiones económicas. Volveremos sobre esto más adelante con los detalles de las mecánicas llamadas "*Play to Earn*" o "*Move to Earn*".

**Los "tokens" de utilidad:** también están en pleno crecimiento. La mayoría de las grandes marcas los utilizan durante sus pruebas en NFT y Web 3.0.

Los tokens de utilidad son como tener fichas disponibles en una sala de juegos. No puedes usarlas en otro lugar, pero tienen valor dentro del lugar donde se utilizan.

Por ejemplo, la ficha de la sala de juegos se puede utilizar para jugar diferentes juegos en esa sala, pero no tendrá ningún valor en otro lugar. De manera similar, los tokens de utilidad tienen un uso específico dentro de un ecosistema de blockchain o criptomoneda, y su valor se determina por la demanda de ese uso. Por ejemplo, el token de la plataforma Ethereum se utiliza para pagar las tarifas de transacción en la red y para ejecutar contratos inteligentes, mientras que el token de Binance se utiliza para pagar las tarifas de negociación en la plataforma Binance.

Otra forma de ver el token de utilidad es el ejemplo de un cupón o el acceso a eventos privados. En algunos casos, tener un NFT permite a un usuario desbloquear tokens para adquirir su par de zapatos favoritos. O acceder a un evento único, simplemente porque se posee un NFT específico. Pienso especialmente en la iniciativa reciente de Renault que distribuyó una colección privada de la emblemática Renault 5 en forma de NFT, donde los poseedores podían pasar un día en privado utilizando modelos icónicos y la presencia de embajadores de la marca. Tener un NFT está bien, pero conducir un coche de Fórmula 1 con Fernando Alonso es aún mejor.

**Los « crypto assets » : ¿Cuáles son y para qué usos?**

Una vez más, comencemos con algunas definiciones.

Los *"crypto assets"* se pueden traducir como "activos digitales". Son elementos únicos e intercambiables que existen en una blockchain. Y hoy en día, los crypto assets representan la mayoría del mercado de los NFT, por lo que es importante entender qué son y cómo funcionan.

**Los cryptopunks.** Estos son pequeños personajes pixelados que han conquistado el corazón de coleccionistas y celebridades como Snoop Dogg. Se han convertido en las estrellas indiscutibles del mundo de los NFT. También han llamado la atención y vaciado los bolsillos. Pero, *¿cómo lograron estos punks digitales imponerse en el implacable universo de las criptomonedas?*

Los Cryptopunks son, ante todo, la historia de dos desarrolladores estadounidenses, Matt Hall y John Watkinson, que crearon estos pequeños personajes en su empresa Larva Labs. Tuvieron la brillante idea de limitar su número a 10,000, con el objetivo de crear un efecto de escasez y despertar el deseo entre los coleccionistas. Cada Cryptopunk es único, con su propia personalidad y aspecto punk, así como su prueba de propiedad almacenada en la blockchain de Ethereum. De hecho, este proyecto fue el origen del movimiento de Arte Crypto moderno.

Pero, *¿cómo lucen estos Cryptopunks?* Imagina seres humanos o animales con un estilo punk, todo en un tamaño de 24x24 píxeles. Cada obra es generada automáticamente por un algoritmo, lo que garantiza su singularidad. Y gracias a la magia de la blockchain, cualquiera puede consultar el historial de ventas y ver a quién pertenece cada punk.

Según Coinmarketcap, el sitio mundialmente conocido y referencia en los precios de criptomonedas, los Cryptopunks han sido la colección de NFT más valiosa del mundo. Para darte una idea, el precio promedio de un punk en julio de 2021 fue de 17.23 ETH, aproximadamente 60,000 dólares. Pero en octubre del mismo año, ese precio ya había subido a 159.5 ETH, alrededor de 600,000 dólares en promedio. Suficiente para marearse, mucho antes de la drástica caída en 2022.

Sin embargo, en un principio, estos punks se distribuían de forma gratuita. Los compradores solo tenían que pagar las tarifas de transacción. Hoy en día, el récord de venta lo tiene el Cryptopunk número 7084, vendido por 4200 ETH, es decir, 7.5 millones de dólares al tipo de cambio de ese entonces.

Entonces, *¿cómo se pueden adquirir estas pequeñas joyas digitales?* Nada más sencillo. Solo tienes que conectar tu billetera digital (o "wallet"), como Trust Wallet o Metamask, a una plataforma de intercambio como Binance. Luego, compras Ethereum y lo cargas en tu billetera. Finalmente, te diriges al sitio de Larva Labs para conectarte a la red ERC-20 (la red principal de la blockchain de Ethereum) y comprar los Cryptopunks con varios ETH.

Ten en cuenta que los precios ya eran prohibitivos, así que imagina cómo están hoy en día en comparación con 2021. En los últimos meses, sus precios han aumentado como un raro destello en un mercado de criptomonedas en general a la baja.

*La familia Cryptopunk – Larva Labs*

Los escépticos dirán que es pura especulación, mientras que los optimistas del mercado cripto lo considerarán una revolución en el mercado del arte. Sea como sea, los Cryptopunks han logrado imponerse como los reyes de los NFT, y su éxito parece estar lejos de desvanecerse. Numerosos artistas, personalidades del deporte y otros, exhiben con orgullo sus Cryptopunks como sinónimo de pertenencia (pero también de chequera inflada).

**En cada avance tecnológico lucrativo, siempre hay estafas.** Hablemos del proyecto de NFT "*Evolved Apes*" que causó revuelo. El proyecto adoptó la mecánica de los "cryptoassets" raros mencionados anteriormente con los Cryptopunks. Incluso contó con un interés notable por parte de los inversores, ya que los 10,000 NFT de la plataforma se agotaron en solo 10 minutos durante la venta inicial.

Sin embargo, no contaban con la presunta deshonestidad del creador de la plataforma, conocido como "*Evil Ape*". Este último desapareció repentinamente junto con el sitio web del proyecto y su cuenta de Twitter. Una investigación reveló que alrededor de 798 ETH, la criptomoneda necesaria para participar en el juego, habían desaparecido. Esto equivale a casi 3 millones de dólares. Estos fondos estaban destinados a apoyar a la comunidad, especialmente a través de un presupuesto de marketing.

Muchos artistas que contribuyeron al diseño de las imágenes perdieron casi todo sin haber sido pagados por su trabajo...

La llegada de avances tecnológicos lucrativos desafortunadamente suele ir acompañado de estafas. Al principio del auge de los NFT, el proyecto llamado "*Evolved Apes*" generó mucha atención. Inspirado en los éxitos de los "crypto assets" raros como los Cryptopunks, este proyecto atrajo la atención de los inversores y se vendió a una velocidad vertiginosa: 10,000 NFT de la plataforma se agotaron en solo 10 minutos durante la venta inicial. Sin embargo, la historia dio un giro oscuro con la repentina desaparición del creador de la plataforma, dejando a muchos artistas sin compensación por su trabajo.

El proyecto "*Evolved Apes*" se ajustaba ampliamente a la tendencia de los NFT. Podían ser considerados como obras de arte digitales, en este caso, imágenes de simios, siguiendo el modelo de otra colección bien conocida llamada "*Bored Apes*". Podíamos comprar, vender e intercambiarlos en plataformas dedicadas, permitiendo a los coleccionistas adquirir estos supuestos objetos digitales raros.

En el caso de "*Evolved Apes*", la popularidad del proyecto era evidente, con una demanda intensa por parte de los inversores y una comunidad en crecimiento en las redes sociales influyentes en el Web3, como Twitter y Discord. Todo estaba preparado para el escenario perfecto de estafa.

El creador del proyecto, apodado "*Evil Ape*", resultó ser todo menos bienintencionado. Desapareció de la noche a la mañana después de que cientos de personas compraran estos simios a precios exorbitantes, llevándose consigo el sitio web del proyecto y su cuenta de Twitter. Una investigación reveló que cerca de 798 ETH, aproximadamente 3 millones de dólares en ese momento, destinados a apoyar a la comunidad y a los artistas, habían desaparecido. Los fondos estaban destinados a ser utilizados en actividades de marketing y para remunerar a los artistas que contribuyeron al diseño de las imágenes. Estos artistas se encontraron en una situación dramática, habiendo perdido casi todo sin ninguna compensación por su trabajo.

Imagina ser un músico que graba una canción para un proyecto prometedor. Financiado por un productor del que no sabes nada. Esperas recibir una remuneración por tu trabajo, pero de la noche a la mañana, el responsable del proyecto desaparece con los fondos, dejándote sin ninguna compensación por tu contribución. Esa es, en el fondo, la situación devastadora e injusta a la que se enfrentaron los artistas del proyecto "*Evolved Apes*". Los artistas invirtieron su tiempo, talento y creatividad en el diseño de las imágenes, esperando recibir una compensación justa.

Es fundamental mantenerse alerta en el mundo de los NFT para evitar estafas. El caso del proyecto "*Evolved Apes*" destaca los riesgos a los que pueden enfrentarse los artistas y los inversores. Para evitar caer en tales situaciones, aquí tienes algunas buenas prácticas que debes adoptar, una especie de "guía" que te transmito desde mi humilde experiencia en el campo:

1. **Hacer vuestras búsquedas. Siempre.** Antes de comprometerte con un proyecto de NFT, tómate el tiempo para realizar una investigación exhaustiva sobre la plataforma, el equipo de desarrollo y los creadores

involucrados. Verifica su reputación, su historial y su transparencia. No dudes en consultar las opiniones de otros usuarios y hacer preguntas.

2. **No confiar en las promesas demasiado bellas** : Mantén una actitud escéptica ante las promesas de ganancias rápidas y fáciles. Si algo parece demasiado bueno para ser verdad, es probable que no lo sea. Ten en cuenta que el mercado de los NFT está en constante evolución y conlleva riesgos inherentes. Muchos proyectos contaban con comunidades prósperas en Twitter, incluso con fundamentos sólidos, pero colapsaron en cuestión de segundos. Como muchos inversores en el campo, he sido víctima de esto. Terminé consolándome con frases como "*hay que pagar para aprender*" y "*la próxima vez no cometeré el mismo error*". Esto es en parte cierto y saludable. Sin embargo, te aseguro que los golpes recibidos al principio pueden dejarte en el suelo. Sigo creyendo firmemente en los activos digitales descentralizados en la blockchain, incluso si potencialmente cometeré otros errores. Sin embargo, la idea es adoptar una mirada crítica hacia los proyectos. Si no hay un modelo económico claro desde el principio, un uso o generación de valor, entonces sigue adelante. A veces, se necesitan muchos factores antes de juzgar estos aspectos.

3. **Comprobar los contratos inteligentes:** Los NFT generalmente se basan en contratos inteligentes, que son códigos informáticos ejecutados automáticamente. Como mencionamos anteriormente, asegúrate de entender cómo funciona el contrato inteligente asociado al NFT que deseas adquirir. Verifica su seguridad y confiabilidad antes de realizar una compra.

4. **Usar plataformas conocidas:** Prefiere utilizar plataformas reconocidas y con buena reputación para comprar, vender o intercambiar NFT. Opta por aquellas que

hayan demostrado su eficacia y que hayan implementado medidas de seguridad y protección para los usuarios.

5. **Mucho cuidado con los proyectos poco conocidos:** Los nuevos proyectos NFT pueden parecer prometedores, pero también conllevan riesgos más altos. Evalúa cuidadosamente los riesgos y gasta solo lo que puedas permitirte perder. Es otro elemento fundamental a tener en cuenta: cuando te adentras en las criptomonedas y los NFT, no esperes hacerte rico en un abrir y cerrar de ojos. Sí, ha sucedido para algunos, pero no es la norma. Estás poniendo dinero en juego, dinero que puede (y debe) ser utilizado para financiar tu vida personal y la de tu familia. Si inviertes una cantidad, asume que puedes perderla y que, si la pierdes, no cambiará tu existencia.

6. **No desvelar informaciones sensibles :** Ten precaución al compartir tu información personal o financiera. Desconfía de las solicitudes de datos sensibles, como tu dirección de Ethereum, y asegúrate de comunicarte solo con fuentes confiables. Aquí, una empresa francesa llamada "*Ledger*" puede ayudarte a almacenar tus criptomonedas y NFT en una billetera física. Es como un USB del cual solo tú tienes las llaves. Es imprescindible.

Siguiendo estas buenas prácticas, aumentas tus posibilidades de navegar por el mundo de los NFT evitando estafas y fraudes. Mantente alerta, haz preguntas y no te apresures en inversiones impulsivas. La prudencia es clave para proteger tus intereses y apoyar un mercado de NFT más seguro y confiable. Y a pesar de todo esto, cometerás errores.

Es un poco como el papel de padre o madre. Aunque te presiones para ser un padre perfecto, no siempre tendrás la razón. Así que alivia la presión. Es un hecho.

Sin embargo, os concedo que ser padre y madre es mucho más importante que ser un inversor de criptomonedas, NFT o cualquier otra cosa.

# Capítulo 3 : ¿Cómo funciona? ¿En qué plataformas se compran?

La compra de NFT es actualmente una experiencia compleja y poco intuitiva para muchos compradores. Aunque existen muchas plataformas en las que se pueden adquirir NFT, la mayoría de las compras se concentran en un pequeño número de plataformas líderes en el sector, las cuales detallaré a continuación. Los compradores pueden enfrentarse a una multitud de problemas, como problemas con la billetera digital, conversión de monedas, tarifas de transacción y tiempos de confirmación de transacción. Para los compradores menos experimentados, esto puede hacer que la experiencia de compra de NFT sea muy intimidante. *"Primero debes comprarlo en Opensea y luego transferirlo a tu billetera no custodiada Metamask conectada a la red de Polygon"*. Puede sonar familiar para ti, pero intenta explicarlo a tu vecino o a tu abuela...

Imagina la compra de un boleto de avión para un vuelo hacia un país extranjero. Los viajeros deben lidiar con muchos detalles complejos para encontrar el vuelo perfecto, como la elección de la aerolínea, el aeropuerto de salida, las fechas de viaje y el número de pasajeros. Además, los viajeros también deben considerar las diferentes monedas involucradas, los impuestos aeroportuarios, las tasas de cambio, las tarifas de transacción y los tiempos de confirmación. Al igual que la compra de un boleto de avión, la compra de NFT requiere un conocimiento profundo de los diferentes parámetros, lo cual puede desanimar a los nuevos compradores.

Además, la concentración de la mayoría de las compras de NFT en unas pocas plataformas líderes hace que la experiencia de compra sea aún más compleja. Los compradores a menudo tienen que crear cuentas en varias plataformas, aprender a utilizar interfaces diferentes y enfrentarse a tarifas de transacción en cada plataforma. Además, existe el riesgo de utilizar una plataforma menos conocida que puede no estar regulada o ser segura. Al igual que con la compra de cualquier producto, la elección de una plataforma para comprar NFT debe considerarse cuidadosamente, y a veces la tarea puede ser desafiante.

**Dos plataformas concentran más del 90% de los volúmenes**

**Opensea.** La plataforma se ha convertido en el centro de intercambio más importante de tokens no fungibles. El tercer trimestre de 2021 fue el más exitoso en la historia de la empresa. Solo en agosto, la plataforma de comercio de arte digital generó ingresos por valor de 3.4 mil millones de dólares estadounidenses. Luego, en septiembre, hubo una ligera disminución para alcanzar un volumen de operaciones de 3 mil millones de dólares estadounidenses. En comparación, la casa de subastas británica Christie's, mencionada anteriormente, realizó ventas de "solo" 5.5 mil millones de dólares estadounidenses en 2021.

La plataforma de la que estamos hablando es nada menos que el gigante de los NFT. Esta empresa ha experimentado un crecimiento fenomenal en los últimos meses, incluso superando a las casas de subastas tradicionales. El tercer trimestre de 2021 fue el más exitoso en la historia de la empresa.

Solo en agosto de 2021, la plataforma de comercio de arte digital generó ingresos por valor de 3.4 mil millones de dólares estadounidenses. Luego, en septiembre, hubo una ligera disminución para alcanzar un volumen de operaciones de 3 mil millones de dólares estadounidenses. En comparación, la casa de subastas británica Christie's, mencionada anteriormente, realizó ventas de "solo" 5.5 mil millones de dólares estadounidenses en 2021.

Si bien las cifras han disminuido con la crisis experimentada por las criptomonedas en 2022, las ventas en este mercado siguen siendo astronómicas. Frente a la complejidad general de comprar un NFT, OpenSea ofrece una solución integral para los inversores interesados en los NFT.

Esta plataforma se distingue por su interfaz ergonómica (similar a eBay), que brinda una experiencia de usuario intuitiva y fácil de usar. Los usuarios pueden navegar fácilmente entre las diferentes categorías de productos y acceder a informaciones detalladas.

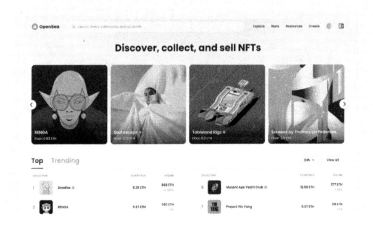

*La homepage de Opensea*

La plataforma también permite a los usuarios filtrar los resultados por precio, fecha de creación, popularidad (NFT de Star Wars, Marvel o Disney), lo que facilita la búsqueda de un NFT específico. Además, OpenSea ofrece herramientas avanzadas para artistas y creadores, como la posibilidad de crear su propio mercado de NFT, organizar subastas y establecer precios de venta según su propia estrategia.

Por último, OpenSea también se destaca por su sistema de seguridad avanzado, que garantiza la protección de compradores y vendedores. Las transacciones se realizan a través de la blockchain de Ethereum, lo que garantiza la transparencia y seguridad de los pagos.

**Rarible.** Esta es otra plataforma conocida para comprar y vender NFT. Se distingue de su competidor Opensea por su enfoque más orientado hacia gifs animados o archivos de audio. Una de las particularidades de Rarible es su política de tarifas más favorable para los creadores de NFT en comparación con Opensea.

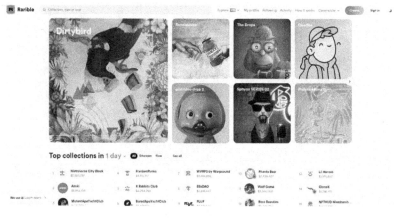

*La homepage de Rarible*

De hecho, la plataforma permite a los creadores recibir su "*minting*" al momento de la compra del token en lugar de su creación, lo que reduce las tarifas de transacción. Aquí tienes una palabra crucial. El "*minting*" es el proceso de creación de un NFT, es decir, la conversión de un archivo digital en un token único y verificable en la blockchain. Este proceso generalmente se realiza en la red ERC-20 de Ethereum, que es una de las más utilizadas para la creación de NFT.

El "*minting*" se puede comparar con la producción de palomitas de maíz en el cine. Imagina que los NFT son como los granos de maíz y la blockchain es como el microondas. El proceso de "*minting*" sería poner los granos de maíz en el microondas, donde se convierten en deliciosas palomitas de maíz. De la misma manera, cuando un creador "*minta*" un NFT en la blockchain, lo transforma en un objeto único e inmutable, listo para ser comprado y vendido en una plataforma NFT. Al igual que con las palomitas de maíz, lleva un tiempo que el proceso de "*minting*" se complete, pero una vez hecho, el NFT está listo para ser disfrutado (o más bien intercambiado en la plataforma NFT).

Es interesante destacar que Rarible también tiene su propio token, que se puede comprar en plataformas de intercambio como Coinbase o Kraken. El token de Rarible experimentó un fuerte aumento en marzo pasado, alcanzando los 43 dólares, aunque actualmente vale mucho menos. Otro aspecto que lo diferencia de Opensea es que Rarible se centra en la creación de una plataforma autónoma gestionada por un modelo de gobernanza comunitaria. La plataforma también se dirige hacia una organización autónoma descentralizada (DAO), en la que las decisiones son tomadas por los titulares de tokens en lugar de una empresa central.

En resumen, Rarible se presenta como una alternativa interesante para creadores y compradores de NFT, ofreciendo un enfoque distintivo con tarifas más bajas y una orientación hacia la descentralización.

Aunque la plataforma se centra más en los gifs animados o archivos de audio, sigue siendo un actor destacado en el ecosistema de los NFT.

Con el éxito de los NFT, no es sorprendente que surjan nuevas plataformas de compra y venta en los próximos años. La accesibilidad de estas tecnologías, la democratización de los usos y el crecimiento constante del mercado de los NFT deberían animar a nuevos actores a ingresar al campo.

La creciente popularidad de estos activos digitales ha llevado a una conciencia generalizada sobre su potencial comercial y creativo. Muchas empresas y marcas están comenzando a recurrir a los NFT para crear experiencias únicas para su público, con el objetivo de monetizarlas. Con la creciente demanda de estos productos, es probable que nuevos actores ingresen al mercado. También es posible que estas nuevas plataformas ofrezcan características y servicios innovadores para diferenciarse de la competencia y satisfacer las necesidades de los usuarios. Esto incluye juegos o universos "gamificados" donde la compra de NFT será lúdica

**El proceso de creación de un token no fungible**

La creación de un NFT se ha vuelto más accesible que nunca, en gran parte gracias a los avances tecnológicos y a la aparición de plataformas y herramientas amigables.

Estos avances han simplificado el proceso, permitiendo crear un NFT en menos de 10 minutos, incluso para aquellos que no tienen experiencia en tecnología.

Plataformas como OpenSea y Rarible han sido diseñadas para ofrecer una experiencia de usuario fluida e intuitiva, permitiendo a cualquier persona crear un NFT de manera sencilla.

Los pasos involucrados en la creación de un NFT ahora están claramente explicados y guiados, eliminando las barreras técnicas que podrían haber desanimado a usuarios menos experimentados.

Además, la diversidad de herramientas disponibles para crear NFT también ha contribuido a su accesibilidad. Ahora existen aplicaciones y software adaptados a diferentes niveles de habilidad y tipos de contenido digital, brindando una mayor flexibilidad y opciones para los creadores.

Aquí, te presentaré una guía rápida. Una especie de "modus operandi" que te permitirá, como lector, adentrarte en la creación de un NFT.

1. **Primero elegir vuestro marketplace** : Existen varias plataformas de mercado para NFT, como hemos visto, pero las dos más populares son Rarible y OpenSea. Tómate el tiempo para familiarizarte con cada plataforma y elegir la que mejor se adapte a tus necesidades, teniendo en cuenta diferentes criterios: ergonomía, simplicidad, navegación, entre otros...

2. **Crear vuestra cuenta** : Una vez que hayas elegido tu plataforma de mercado, debes crear una cuenta. Esto implica proporcionar cierta información personal, como tu nombre, dirección de correo electrónico y dirección Ethereum. Tu dirección Ethereum es esencial, ya que es donde se almacenarán tus NFT. Puedes adquirir esta dirección en el sitio web de ENS (Ethereum Name Service), lo que te proporcionará un nombre de dominio, similar a los primeros sitios web, con una dirección única. Totalmente segura, transparente y anónima. El precio de los nombres de dominio puede variar. Tu apellido no debería ser demasiado costoso (aún). Sin embargo, un nombre de dominio como "Gold" o "Bitcoin" podría tener ya un cierto valor en la actualidad.

3. **Elegir el archivo que queréis cargar en la plataforma:** uedes cargar un gif o una imagen para crear tu NFT. Es importante tener en cuenta que existen limitaciones en cuanto al tamaño del archivo, que varían entre 20 MB y 40 MB como máximo. Sin embargo, es muy probable que las

capacidades de tamaño de archivo se incrementen en los próximos años, lo que representa una oportunidad.

4. **Elegir vuestra red blockchain :** Casi siempre, Ethereum es la plataforma utilizada para los NFT, y generalmente existen dos tipos de NFT: ERC-20 y ERC-721. Los NFT ERC-721 son más adecuados para creaciones únicas o colecciones limitadas, mientras que los NFT ERC-20 son más adecuados para colecciones en masa.

5. **Elegir vuestro modo de venta:** Hay dos modos de venta: a precio fijo o mediante subasta, similar a eBay. Si optas por una subasta, deberás elegir la duración de la subasta y el precio de partida. Si optas por una venta a precio fijo, deberás elegir el precio de venta de tu NFT.

6. **Por fin, validar vuestro NFT:** Una vez que hayas completado toda la información necesaria, solo tienes que validar tu NFT y ponerlo en venta en la plataforma de Marketplace que hayas elegido.

Después de pasar por todos estos pasos, ¡felicidades! Tu NFT ha sido "mintado" y ahora está disponible en la cadena de bloques, listo para brillar como una estrella digital en el mundo de los activos digitales. Sin embargo, al igual que cualquier estrella en ascenso, el éxito de tu NFT dependerá en gran medida de la comunicación y del boca a boca que se genere a su alrededor. Es como si tu NFT fuera un artista emergente buscando hacerse conocido en el escenario mundial.

La mayoría de los NFT se negocian actualmente en la criptomoneda ETH (Ethereum), que es como la moneda oficial del reino de los NFT. Para ingresar a este reino, necesitarás tener ETH, que puedes comprar con monedas fiduciarias como euros o dólares en plataformas de intercambio como Binance o Coinbase.

Actualmente, 1 ETH tiene un valor aproximado de 2000 dólares, pero no te preocupes, es posible comprar una fracción de ETH, como 0.1 ETH por 400 dólares, para comenzar tu aventura.

Sin embargo, es importante tener en cuenta que uno de los principales obstáculos para la adopción masiva de los NFT son las tarifas de transacción, comúnmente conocidas como "gas fees". Imagina estas tarifas como peajes en la autopista de los NFT. Especialmente en la plataforma Opensea, estas tarifas pueden variar entre 100 y 200 dólares por un simple token, según el tipo de venta elegido: subasta o venta fija. Las plataformas son conscientes de esta barrera y están trabajando arduamente para reducir estas tarifas, como si estuvieran construyendo carreteras sin peaje para facilitar los intercambios y atraer a más viajeros al mundo de los NFT.

En resumen, la creación y venta de NFT ahora están al alcance de todos, pero es esencial comunicar adecuadamente tu activo digital y tener en cuenta las tarifas de transacción para tener éxito en este creciente universo. Así que prepárate para embarcarte en esta expedición digital, toma esta guía, infórmate y ¡sumérgete en la creación! No olvides comprar ETH...

## El proceso de minting de NFT

✓ Elegir el marketplace

✓ Creación de la cuenta

✓ Cargar el archivo

✓ Elegir la blockchain

✓ Subasta o precio fijo?

✓ Pagar los gas fees/ Validar

# Capítulo 4 : ¿Qué sectores están involucrados? ¿Cómo se organizan los principales actores?

Como hemos visto, los NFT tienen el potencial de transformar una amplia gama de sectores industriales. Sin embargo, es difícil hacer una lista exhaustiva de las industrias afectadas, ya que los NFT representan un nuevo "*medio*" con múltiples implicaciones que aún no están completamente identificadas ni reguladas. A pesar de esto, ya podemos percibir los usos que serán ampliamente adoptados en el futuro.

Muchos sectores ya han comenzado a incorporar los NFT en sus operaciones, creando nuevas comunidades y dinámicas en todas las áreas. Ya sea en el arte en general, la música, el deporte, el cine, el sector inmobiliario o las finanzas, los NFT se han convertido en una forma de certificar la autenticidad de las obras digitales, una nueva forma de distribución para artistas independientes, una manera para los fanáticos de poseer una parte de la historia de su equipo deportivo favorito, una oportunidad para que los inversores se involucren más fácilmente en el mercado inmobiliario, y un método para que las empresas generen nuevas corrientes de ingresos en el ámbito financiero.

Aunque los NFT son una tecnología innovadora y prometedora, es importante tener precaución con respecto al alcance de su impacto en diferentes sectores industriales. Si consideramos el ejemplo del arte, los NFT ciertamente han abierto nuevas oportunidades para artistas y amantes del arte, pero esto no significa que vayan a reemplazar completamente el mercado de arte tradicional. Por lo tanto, es importante tener cuidado con el entusiasmo excesivo, esto se aplica a todos los profesionales interesados en Web3, incluyéndome a mí mismo.

Mantengamos en mente que el actual entusiasmo por los NFT puede estar motivado en gran parte por razones especulativas, en lugar de un uso funcional real de esta tecnología. Los NFT se perciben como una nueva forma de aprovechar el interés en los activos digitales, pero esto no significa necesariamente que los NFT tengan un valor intrínseco equivalente al de los activos tradicionales.

Ahora que hemos puesto este em sobre la mesa, aquí hay una lista de áreas que han liderado ampliamente en esta tecnología. Intentaré explicar cómo sus modelos económicos y usos presentan un interés a largo plazo.

**Algunos actores están reinventando el ámbito del deporte, la música, con nuevos usos.**

**Sorare.** La blockchain y el fútbol, dos mundos que parecían tan distintos, y sin embargo... *Sorare*, esta joya francesa, ha logrado el milagro de unirlos en un concepto tan simple como efectivo. Imagina esto: tarjetas virtuales de Panini que se venden churros y que pueden hacerte ganar otras tarjetas y aumentar tu cartera de criptomonedas. Descubrir el secreto para transformar tus pegatinas de la infancia en lingotes de oro realmente hace reflexionar. Y lo que se puede decir es que esto ha generado mucha atención, ¡incluso a nivel estatal!

Con su recaudación récord de 680 millones de dólares en sus inicios, Sorare logró llamar la atención del presidente de la República Francesa, Emmanuel Macron, quien no dudó en expresar su entusiasmo en un tweet. Se podría decir que esta startup ha marcado un gol en toda la escuadra en el mundo de la tecnología francesa. Sin mencionar la participación de inversores prestigiosos en el proyecto, como nuestros campeones del mundo Antoine Griezmann y Kylian Mbappé.

El principio es tan sencillo como decir "hola": compras tarjetas virtuales de jugadores de fútbol, construyes un equipo de cinco jugadores y te enfrentas a otros usuarios en partidos donde las ganancias son en criptomonedas. Dos veces por semana (contando los partidos de copa europea a mitad de semana y los partidos de liga del fin de semana).

Es importante tener en cuenta que el precio de las tarjetas y sus resultados dependen del desempeño real de los jugadores en el campo. Por lo tanto, hay una conexión entre lo físico y lo digital. También hay un elemento de riesgo, ya que un jugador comprado a un alto precio puede lesionarse al día siguiente de la adquisición y ver disminuir su valor. Este aspecto estratégico en la composición de los equipos es la fortaleza de Sorare y la apuesta por los jugadores que tendrán el mejor rendimiento. Las tarjetas existen en 1.000 ejemplares o menos, con precios más o menos altos según su rareza. Del 5% al 15% de las ventas se destina a los 200 clubes de fútbol asociados.

Con Sorare te conviertes en entrenador, manager e inversor de tu propio equipo de fútbol. ¿Y lo mejor de todo? Las tarjetas son NFT, únicas, seguras y registradas en la blockchain. En otras palabras, puedes vender tus tarjetas como obras de arte, con un toque de especulación financiera para darle emoción.

Las cifras son impresionantes. La startup, que afirma ser rentable, alcanzó una valoración de casi 4.3 mil millones de dólares en tres años de existencia, con apenas una treintena de empleados. Esto la convierte en la startup francesa más valiosa en términos de capitalización. Sorare contaba con aproximadamente 600,000 usuarios en 2022, incluyendo 150,000 usuarios activos (miembros que adquirieron una tarjeta o crearon un equipo en el último mes y que pasan un promedio de 40 minutos al día en la plataforma). En 2022, se intercambiaron más de 150 millones de euros en tarjetas. Si antes era posible formar un equipo por alrededor de 50 euros, antes de la caída del mercado cripto, un jugador activo gastaba en promedio 400 euros en Sorare en un año, según Nicolas Julia, CEO de la startup. Este último apunta a alcanzar una facturación de mil millones de dólares en 2024.

Pero cuidado, detrás de esta parte lúdica y de las promesas de ganancias atractivas, no debemos olvidar que el mundo de las criptomonedas y los NFT aún es ampliamente desconocido y a veces inestable. Como en cualquier buen juego de póker, hay un componente estratégico, pero también una apuesta por los jugadores que tendrán un buen desempeño. Entonces, antes de lanzarte de cabeza en esta aventura, primero recuerda que las tarjetas virtuales nunca reemplazarán las emociones reales del estadio y los recuerdos de tus primeras colecciones de tarjetas Panini. Además, ten en cuenta que el valor de las tarjetas ha disminuido considerablemente recientemente debido a las ventas masivas relacionadas con las incertidumbres del mercado cripto.

Dicho esto, en este momento, Sorare acaba de anunciar una actualización muy esperada de la comunidad de "managers", es decir, los poseedores de tarjetas. Es la posibilidad de comprar tarjetas directamente con moneda fiduciaria (euros), sin tener que pasar por plataformas de intercambio y la complejidad de las criptomonedas. Esto debería permitir una democratización del juego. Además, se espera que la regulación y las licencias obtenidas marquen el marco legal del juego a medida que pasen los años. Por el momento, Sorare no se considera un juego de azar o apuestas deportivas. Después de largas discusiones, la Autoridad Nacional de Juegos (ANJ) ha formulado un acuerdo provisional que permite que la startup francesa continúe su actividad sin someterse a las restrictivas regulaciones de los juegos de azar. Las tarjetas pueden considerarse activos financieros, ya que una vez compradas, nunca se pierden. Sin embargo, su valor puede colapsar si el mercado cripto atraviesa una crisis, como es el caso en la actualidad con la disminución de la capitalización de Ethereum, la criptomoneda necesaria para comprar las tarjetas.

Sorare sigue siendo objeto de vigilancia por parte del regulador y el marco legal podría evolucionar en los próximos años a medida que los usos se expandan.

*Las cartas NFT para consumir el fútbol de forma distinta*

En resumen, Sorare ha logrado crear un concepto innovador que combina deporte, tecnología y finanzas, todo ello sazonado con una buena dosis de nostalgia. Ahora queda por ver si esta startup francesa logrará convertirse en un actor importante en el mundo del deporte y la blockchain. Es una nueva forma de consumir deporte. Otros mercados y otros deportes también están siendo conquistados, como Estados Unidos, donde se han obtenido acuerdos con la NBA y la MLB (Major League Baseball).

Como ocurre con muchos usos relacionados con las criptomonedas, se comprende y se experimenta Sorare al jugarlo. Cuando entré en él a principios de 2022, había que desembolsar una gran cantidad de dinero para construir tu equipo. Hoy en día, los precios son asequibles y lo serán aún más con la posibilidad de comprar en euros.

**Chiliz / Socios.com.** En una lógica distinta a la de Sorare, el sitio *Socios.com*, creado por el francés Alexandre Dreyfus (fundador de Winamax) permite un uso diferente de los NFT. Aquí, el principio es pertenecer a una comunidad de fanáticos, generalmente relacionada con un club deportivo. La mayoría en el fútbol: más de 30 clubes prestigiosos ya han firmado asociaciones con Socios, desde el AC Milan hasta el Paris Saint Germain y el FC Barcelona. Durante la transferencia de la estrella argentina Lionel Messi al PSG, el periódico "*L'Équipe*" incluso reveló que parte de su salario se convertiría en Chiliz (CHZ), el token utilizado por los fanáticos en la plataforma Socios.

Al utilizar el sitio, los aficionados pueden comprar e intercambiar "*tokens*" para tener influencia en las decisiones de sus clubes: el color de la camiseta, el himno de entrada de los jugadores, la alineación de los equipos. Cada token cuenta como un poder, un derecho de voto hacia su club. Es un modelo económico diferente al de Sorare, donde el NFT se revaloriza en función del mercado, aquí se trata de dar a los fanáticos de un club un "poder", un sentimiento de apropiación: es el token de compromiso.

Hoy en día, el Chiliz se puede comprar en Binance o Coinbase, a un precio de unos pocos centavos de euro. Con sus CHZ construidos sobre la tecnología blockchain, los fanáticos pueden comprar los "*tokens*" de los clubes. El Chiliz en sí mismo está sujeto a la volatilidad del mercado de criptomonedas.

En los próximos meses, el éxito seguro de esta empresa pasará por la firma de nuevas asociaciones en otros deportes. Como por ejemplo, el baloncesto. Todos los días, la plataforma anuncia acuerdos con franquicias de la NBA como los Lakers, lo que los llevará poco a poco al mercado estadounidense.

Los "*tokens*" de compromiso representan una oportunidad real en el sector de los NFT. En el deporte, ofrecen a los aficionados una forma de involucrarse más en su equipo o proyecto favorito al brindarles acceso exclusivo a beneficios como entradas para partidos, productos derivados, eventos especiales e incluso derechos de voto. Al poseer "*tokens*", los seguidores consumirán el deporte de manera diferente. Ya no serán pasivos ante sus equipos, sino que podrán contribuir más para llevar a cabo las grandes decisiones de sus equipos o proyectos favoritos, lo que puede ayudar a financiar nuevos proyectos y mejorar la experiencia global para todos los fanáticos.

**Dapper Labs.** En Estados Unidos, una empresa que ha aprovechado el entusiasmo en torno a los NFT es Dapper Labs. Esta empresa causó sensación al vender NFT de videos de baloncesto, lo que generó una impresionante recaudación de fondos de 250 millones de dólares en septiembre de 2021. Con una valoración que superaba los 7 mil millones de dólares, Dapper Labs no tenía intención de detenerse ahí. En el momento del auge de los NFT, la startup firmó un acuerdo con La Liga, el campeonato español de fútbol, para lanzar un producto completamente nuevo, marcando así su impactante entrada al mundo del fútbol.

Esta asociación entre Dapper Labs y La Liga tiene grandes ambiciones. Según Roham Gharegozlou, el apasionado CEO de criptomonedas de Dapper Labs, La Liga espera generar ingresos comerciales colosales, alcanzando varios cientos de miles de euros en los próximos años. ¡Estas cantidades impresionan! Esta colaboración permitirá a los fanáticos de fútbol interactuar con sus equipos favoritos de una manera completamente nueva. Esto recuerda al modelo adoptado por Sorare, pero con un toque "americano" extra.

Al igual que con Chiliz, la idea detrás de estas iniciativas es dar a los fanáticos la oportunidad de convertirse en verdaderos participantes en el mundo de sus deportes favoritos. Los NFT permiten a los titulares acceder a contenido exclusivo, tomar decisiones de gobernanza e incluso recibir recompensas especiales. Es como si estuvieras sentado en la primera fila del estadio, pero con un toque adicional de magia digital. Los entusiastas del deporte podrán mostrar su apoyo a su equipo favorito de una manera tangible, al tiempo que tienen la oportunidad de involucrarse más en el ecosistema deportivo.

Así, el papel de los NFT en el mundo del deporte demuestra una vez más el inmenso potencial de esta tecnología. Los fanáticos están dispuestos a invertir en experiencias únicas, jugar, invertir y sentirse verdaderamente conectados con sus pasiones. A medida que plataformas como Dapper Labs, Sorare y Chiliz/Socios.com continúan ampliando sus horizontes, es muy probable que surjan nuevas colaboraciones y oportunidades, ofreciendo a los fanáticos del deporte nuevas y emocionantes formas de interactuar con sus ídolos. ¿Quién sabe? Tal vez algún día, los NFT se convertirán en una parte integral de la experiencia deportiva, al igual que los tacos y las camisetas.

**En la industria musical**, las cartas están siendo redistribuidas. Como hemos visto anteriormente, con el sistema de redistribución regular de derechos de autor mediante tokens no fungibles, a diferencia de los derechos de autor tradicionales, el atractivo para los artistas musicales no se ha hecho esperar. Esta evolución tecnológica podría ser una especie de revancha a largo plazo para una industria que sufrió tanto por la piratería a principios de los años 2000.

De hecho, el gigante social chino TikTok ha anunciado el lanzamiento de su propia colección de NFT. Los "TikTok Top Moments" permiten convertir los mejores momentos de una comunidad de creadores en activos digitales en la plataforma. Y las asociaciones firmadas son prácticamente todas con cantantes mundialmente conocidos: Lil Nas X, Bella Poarch, Curtis Roach, Brittany Broski, FNMeka, Jess Marciante y Gary Vaynerchuk, por mencionar solo algunos.

Los tokens se desarrollan en edición limitada en la blockchain Ethereum.

Curiosamente, otras personalidades de la escena del rap han sido pioneras en esto. El rapero Snoop Dogg se ha destacado comprando varios activos digitales significativos, incluyendo los famosos Cryptopunks, de los cuales hablaremos más adelante. De hecho, al principio, el inversor había deseado permanecer en el anonimato, revelando su alias, Cozomo Di Medici, a través de una cuenta de Twitter que tenía varios miles de seguidores. Cuando reveló su identidad, Twitter explotó en comentarios. Hoy en día, se estima que Snoop Dogg posee más de 17 millones de dólares en NFT. Solo el Cryptopunk que usa como foto de perfil valdría 4.6 millones de dólares en ETH.

El rapero californiano incluso fue más allá al ofrecer un concierto virtual en la plataforma de juegos Sandbox. Su idea fue distribuir 1000 NFT como boletos para asistir al concierto en su propia villa, la cual también fue virtualizada.
La entrada más barata se vendió por 1.6 ETH (equivalente a más de 5000 dólares en ese momento). Con esta iniciativa, el artista entendió perfectamente lo que está en juego: nuevas monedas, nuevas formas de acceder a los "*metaversos*", de las cuales hablaremos más adelante.

Este tema también ha cruzado el Atlántico, ya que en Francia, el rapero Booba anunció el lanzamiento de su canción "*TN*" (como el famoso modelo de zapatillas Nike) en formato NFT. Con gran éxito, en tan solo una hora de lanzamiento, se vendieron 2000 NFT de los 25000 en circulación, con 1500 compradores únicos. A largo plazo, todos los NFT se vendieron generando alrededor de 300.000 dólares, en pleno auge del tema. Todo un logro para el cantante.

Muchos otros sectores se ven afectados por la propagación de los NFT, aquí presento una lista no exhaustiva:

**El sector bancario.** Visa, uno de los gigantes en la industria de los pagos, recientemente hizo noticias al comprar NFT en forma de Cryptopunks por valor de 150 000 dólares. Estos NFT han generado un gran interés en el mundo de la blockchain y las criptomonedas. La compra de Visa muestra que, a pesar de los principios de descentralización y "*desfinanciarización*" que a menudo se consideran contrarios a los intereses de los bancos tradicionales, estas instituciones financieras están dispuestas a adaptarse y ofrecer su experiencia en este campo en pleno crecimiento.

Uno de los principales desafíos para los bancos es asegurar los pagos con criptomonedas, especialmente en lo que respecta a los NFT. Actualmente, es casi imposible comprar NFT con monedas fiduciarias (como el euro o el dólar), ya que la mayoría de las transacciones se realizan utilizando criptomonedas como Ether (ETH) en la red Ethereum. Para facilitar la adopción de NFT y criptomonedas en general, es esencial crear un entorno accesible y seguro para los usuarios.

En este sentido, los bancos y las empresas de pago como Visa están explorando la posibilidad de desarrollar tarjetas bancarias capaces de contener activos digitales como NFT y criptomonedas. El objetivo es hacer que estos activos digitales sean más accesibles para el público en general, integrándolos en sistemas de pago familiares y seguros.

Es importante tener en cuenta que la entrada de bancos y empresas de pago en el mundo de los NFT y las criptomonedas presenta desafíos pero también oportunidades. Por un lado, existe el riesgo de centralización y un mayor control sobre las transacciones, lo cual va en contra de los principios fundamentales de la blockchain. Por otro lado, la experiencia y los recursos de las instituciones financieras tradicionales podrían contribuir a fortalecer la seguridad, confiabilidad y accesibilidad de los pagos con criptomonedas.

Adoptando un enfoque crítico pero optimista, se puede esperar que los bancos y las empresas de pago encuentren un equilibrio entre los beneficios de la descentralización y la necesidad de proteger a los consumidores y facilitar la adopción de nuevas tecnologías. Trabajando juntos, los actores tradicionales y los innovadores en el campo de la blockchain podrían crear un futuro en el que los NFT y las criptomonedas coexistan armoniosamente con los sistemas financieros existentes, ofreciendo así nuevas oportunidades y una mayor libertad de elección para los consumidores.

**El sector de eventos.** Ahora, hagamos un viaje imaginario al corazón del mundo de los NFT. Tomemos el ejemplo de un simple boleto de museo, transformado en un token digital único, un verdadero artefacto de valor. Este boleto "*NFTizado*" abriría las puertas a múltiples usos más allá del acceso a una exposición.

En primer lugar, imagina la sensación de coleccionar estos boletos NFT, como si tuvieras monedas raras en tu álbum de recuerdos. Cada boleto podría convertirse en un activo preciado, con un valor que aumenta con el tiempo, especialmente si la exposición misma se vuelve mítica. Estarías sentado sobre un verdadero tesoro artístico, lleno de emoción, recuerdos y promesas para el futuro.

¡Pero eso no es todo! Tu boleto NFT también podría ofrecerte una experiencia mucho más completa. Al presentarlo en la entrada del museo, podrías disfrutar de bebidas o deliciosas golosinas. Imagina si tu simple boleto se convirtiera en una llave mágica que te da acceso a un festín cultural y gastronómico. Con los sentidos despiertos, podrías saborear exquisiteces mientras te empapas del arte que te rodea.

Lo que hace que esta transformación sea aún más extraordinaria es el concepto fundamental de los "*contratos inteligentes*", una vez más. Los porcentajes asignados al artista, al restaurante, al museo y a otras partes interesadas pueden ser programados, asegurando una distribución justa de los ingresos. Ya no se necesitan negociaciones laboriosas o disputas, ya que cada parte recibe su parte legítima de manera sencilla. Esta es la ventaja central de los NFT.

Y finalmente, llevemos este viaje a la máxima imaginación: algunos boletos VIP NFT podrían abrir las puertas de salas secretas, reservadas para iniciados y que contienen obras de arte inéditas. Serías uno de los privilegiados en poder explorar obras maestras ocultas y vivir una experiencia artística única e íntima. Imagínate como un explorador del arte, recorriendo caminos insospechados y revelando joyas escondidas. Imagina una obra de Banksy visible solo para ti, en forma de NFT, en una calle de la cual solo tú tienes la identidad mediante la adquisición de la obra.

El potencial de esta nueva era de los NFT es verdaderamente faraónico. Las fronteras entre el arte, la cultura, la gastronomía y las experiencias únicas se difuminan, ofreciendo una visión futurista donde cada interacción se convierte en una aventura enriquecedora.

**La moda y los accesorios.** En septiembre de 2021, la prestigiosa casa de moda Dolce & Gabbana se sumergió en este próspero mundo digital al lanzar una colección única llamada "*La Collezione Genesi*".
Nueve piezas exquisitas, fusionando el arte de la moda y la tecnología blockchain, volaron hacia nuevos horizontes, generando una increíble ganancia de 5.6 millones de dólares. Una mezcla de elegancia y creatividad donde los píxeles danzaban con las telas, donde lo virtual se adornaba con un valor real.

¿Otra historia fascinante? Durante la Semana de la Moda de Londres, la vanguardista marca Auroboros trascendió los límites de lo tangible al digitalizar su colección. Imagínate luciendo las creaciones de esta marca visionaria gracias a la realidad aumentada. Las prendas cobraban vida, se materializaban ante nuestros ojos asombrados, transformando a cada individuo en una pasarela viva. Una experiencia que desafía las convenciones de la vestimenta, donde la moda se desata con ingenio y audacia.

¿Y qué de mañana? Atrevámonos a imaginar la fusión de los codiciados tenis y los NFT. Los sneakers, guardianes de rareza y exclusividad, podrían encontrar su destino en esta nueva dimensión digital. Imaginemos un par de zapatillas vinculadas a un NFT, asegurando así su autenticidad y valor. Estos preciados objetos de moda podrían adquirirse con un parpadeo, gracias a transacciones automáticas, dejando en el olvido los problemas de las falsificaciones. Un toque de tecnología que trascendería el simple acto de ponerse zapatos, llevándonos hacia una nueva era donde lo virtual y lo real se entrelazan con audacia. Esto es lo que propone especialmente la startup francesa RTFKT, recientemente adquirida por Nike, de la cual hablaré más adelante en este libro.

Y tantos otros ámbitos... En el ámbito de la salud, los NFT podrían convertirse en verdaderos guardianes de secretos médicos, protegiendo valiosos informes y asegurando su confidencialidad. Imagina un mundo donde los registros médicos de un paciente sean inmutables y donde el historial de sus intervenciones quirúrgicas se rastree de manera instantánea. Los médicos y cirujanos estarían equipados con una tecnología revolucionaria, alterando sus métodos de trabajo y brindándoles una visión clara y transparente de la salud de sus pacientes. Adiós a las pilas de papeles extraviados y a los laberintos administrativos, dando paso a una gestión médica digna de una película de ciencia ficción.

¿Y qué decir del colorido mundo de la publicidad? Los NFT están a punto de hacer llover miles de millones en este sector efervescente. Imagina por un momento una misteriosa campaña publicitaria de Coca-Cola desplegada en forma de NFT y reservada para los afortunados poseedores de billeteras de criptomonedas. Una iniciativa confidencial que podría generar rápidamente un gran revuelo, cautivando a un público joven y ávido de emociones fuertes. Los anunciantes deberán rivalizar en ingenio para conquistar a esta nueva generación conectada, al mismo tiempo que crean un aura de misterio que incendiará las redes sociales. Una revolución publicitaria en marcha, donde la imaginación y la tecnología se fusionan para dar vida a campañas memorables.

En esta danza de posibilidades, la fotografía misma está lista para reinventarse gracias al auge de los NFT. De hecho, es el sector que más se mueve en la actualidad. Coleccionistas y fotógrafos se encuentran en el centro de una transformación artística sin precedentes, donde florecen galerías virtuales y revelan los talentos independientes del futuro. Imágenes excepcionales, cuidadosamente enmarcadas por la blockchain, se despliegan ante audiencias amplias y brindan a los fotógrafos una visibilidad que nunca habrían experimentado en su profesión tradicional. Se abre una nueva era en la que el arte de la fotografía abraza los horizontes digitales, impulsado por las alas de los NFT y el deseo insaciable de descubrimiento.

En estos múltiples campos, los NFT se infiltran como un viento de renovación, transformando la forma en que percibimos la salud, la publicidad y la fotografía. Un cóctel explosivo donde lo serio se encuentra con el humor, donde los avances tecnológicos se reúnen con las aspiraciones artísticas.

# Enfoque en la industria del cine y el entretenimiento

Dentro de este océano tecnológico, la aparición de aplicaciones relacionadas con la tecnología blockchain ha captado rápidamente la atención de los creadores de contenido y los gigantes de la industria del cine, esos titanes del séptimo arte principalmente arraigados en Estados Unidos, siempre ansiosos por nuevas oportunidades que aprovechar.

Sin embargo, en esta marejada tumultuosa, los cineastas independientes también están listos para aprovechar su oportunidad, como Adam Benzine, un cineasta audaz que decidió subastar diez NFT extraídos directamente de su documental codirigido con el inolvidable Claude Lanzmann, titulado "*Spectres of the Shoah*". A través de esta fusión de tradición e innovación, Benzine aprovechó esta oportunidad única para unir la emoción generada por la llegada de una nueva tecnología con una industria cinematográfica con reglas ya establecidas. El simple hecho de que su película sea respaldada por la prestigiosa plataforma HBO y haya sido nominada a los premios Oscar agrega una capa adicional de notoriedad y fascinación a este audaz proyecto.

Equilibristas como Adam Benzine y otros cineastas independientes abrazan con valentía esta nueva era de los NFT. Amplían los horizontes del cine, entrelazando su pasión artística con las ilimitadas posibilidades de la tecnología blockchain. Con el tiempo, esta nueva generación de la web permitirá a los creadores visionarios trazar nuevos caminos, donde cada imagen, cada momento capturado en película se transforma en una joya digital, lista para ser adquirida y apreciada por coleccionistas de todo el mundo. Desafían las convenciones establecidas, se atreven a mezclar las artes visuales con la tecnología de vanguardia y crean así una nueva armonía entre tradición e innovación.

En este cambiante universo cinematográfico, los NFT se convierten en estrellas emergentes, aportando un soplo de aire fresco y posibilidades infinitas. Los grandes estudios de cine, como faros en la oscuridad, observan de cerca este nuevo panorama, buscando beneficiarse de las innovaciones tecnológicas que están transformando la industria. Pero también es la voz de los independientes, de estos valientes creadores, la que resuena con fuerza y audacia. Están reescribiendo las reglas del juego, abriendo puertas hacia nuevos horizontes artísticos donde la imaginación no tiene límite más que el infinito. Así, como siempre, como en cada transición, del cine mudo al sonoro, del blanco y negro al color, el cine se transforma, se reinventa y se proyecta hacia un futuro iluminado, donde los NFT podrían iluminar cada imagen, cada historia, cada sueño que cobra vida en la gran pantalla.

**Una oportunidad para las producciones de bajo presupuesto.** La capacidad de los productores para comercializar colecciones digitales directamente derivadas de las películas abre considerablemente oportunidades financieras. Al convertir, por ejemplo, un icónico cartel en un activo digital en forma de NFT, los productores no solo podrían aumentar sus ingresos mediante la reventa de estos activos, sino también generar fondos adicionales para financiar futuros proyectos cinematográficos. Esta evolución incluso podría conducir a un modelo de financiamiento del cine basado en la compra y reventa de NFT, como ocurre con la empresa Klapcoin, que permite a los coleccionistas de NFT tener la posesión de la película misma, es decir la materia prima.

La comercialización de colecciones digitales relacionadas con películas ofrece múltiples beneficios para los productores. En primer lugar, les permite capitalizar el entusiasmo del público por los productos derivados y los objetos de colección relacionados con las películas. Al convertir elementos emblemáticos como carteles, trajes o accesorios en NFT, los productores pueden crear una demanda aumentada y despertar el interés de los coleccionistas apasionados. La rareza y la autenticidad de los NFT confieren un valor único a estos objetos digitales, abriendo así el camino a transacciones lucrativas en plataformas de subastas especializadas.

Además, la posibilidad de revender los NFT brinda a los productores una fuente continua de ingresos. A diferencia de los modelos de financiamiento tradicionales que dependen principalmente de las taquillas, la compra y reventa de NFT permite a los productores contar con una fuente adicional de ingresos a largo plazo. El valor potencial de los NFT puede aumentar con el tiempo, según factores como la popularidad de la película, el entusiasmo por los productos derivados e incluso la fama de los artistas involucrados. Esta evolución abre nuevas perspectivas de financiamiento para la industria cinematográfica, brindando a los productores una mayor independencia financiera y una mayor capacidad para llevar a cabo nuevos proyectos ambiciosos.

**Reglas de propiedad intelectual completamente repensadas.** Como hemos visto anteriormente, el propio principio de los NFT cambia la estructura de redistribución de los derechos de autor después de su creación, al permitirles un seguimiento continuo e infinito.

Durante casi un siglo, la industria cinematográfica, dependiente de los distribuidores, no ha logrado establecer una relación directa entre la obra original y su público. Plataformas de streaming como Netflix y los multicines han construido sus modelos económicos explotando a los poseedores de propiedad intelectual (PI, IPs en inglés) en Hollywood, quienes realmente tienen la relación con los fanáticos de las diferentes franquicias.

Es cierto que Netflix se ha convertido en un actor importante al posicionarse también como productor y al evitar a los intermediarios. Sin embargo, los poseedores de IPs tienen una interesante oportunidad con la aparición del mercado de activos digitales. Pueden utilizar su catálogo existente y sus nuevas producciones para crear derivados como imágenes, GIFs o clips de video relacionados con sus películas. Nos vienen a la mente ejemplos evidentes, especialmente con franquicias emblemáticas como "*Star Wars*" o franquicias como Marvel.

Aún mejor, gracias a este modelo, los estudios pueden optimizar sus gastos de marketing y promoción al crear una comunidad de "*súper fans*". Estos fanáticos están dispuestos a pagar más para acceder a estrenos exclusivos o adquirir objetos digitales raros relacionados con sus películas favoritas. Un cineasta reconocido como Joe Dante, director de películas como "*Gremlins*" y "*Small Soldiers*", incluso ha creado una serie de NFT basados en sus películas, con el objetivo de conectar e involucrar a sus fanáticos con sus nuevas producciones.

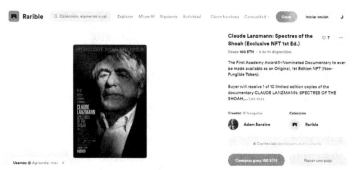

*Colección de NFTs en relación con la película de Claude Lanzmann*

Para los estudios, está claro que los NFT brindan la oportunidad de conocer mejor a su público y ofrecer campañas de marketing mucho más enfocadas para incentivar su regreso a las salas de cine.

Esto representa una nueva forma de comprender a su audiencia. Gracias a esta tecnología innovadora, la industria cinematográfica puede replantear sus estrategias de distribución y promoción, creando una interacción más directa y comprometida con los espectadores y brindando experiencias únicas y enriquecedoras para los fanáticos del cine.

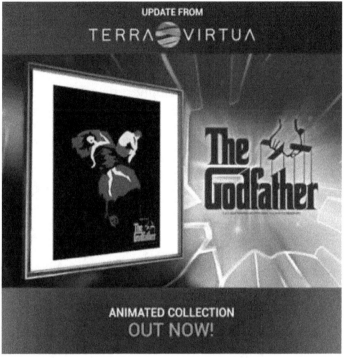

*NFTs del « Padrino » diponibles en Terra Virtua*

**Una era post-VHS, post-DVD e incluso post-streaming.** Ahora, veamos un hecho: los mercados de streaming están extremadamente centralizados y en manos de unas pocas empresas. Los contenidos de Netflix o Amazon se alojan en servidores en la nube que les pertenecen o son propiedad de empresas de CDN (Content Delivery Network). Nunca son propiedad del usuario.

La descentralización ofrece la oportunidad de redistribuir el control de estos contenidos en beneficio de los cineastas, los estudios y también del público.

Un enfoque sostenible sería replicar el éxito de las ventas físicas de contenidos, después de las VHS y los DVDs, estableciendo una nueva economía digital donde los formatos NFT cambien las reglas del juego. Podemos mencionar el ejemplo de la empresa Cinedigm Digital Cinema, que lanzó películas del repertorio clásico en forma de NFT. Además, brinda la posibilidad de acceder a entrevistas muy raras de directores desaparecidos, versiones restauradas o incluso GIFs animados. Este mecanismo de distribución a través de la cadena de bloques asegura los contenidos, demuestra su singularidad y añade interés para los espectadores con el merchandising. Incluso los NFT podrían ser un cambio para las salas de cine, con proyeccionistas que poseen copias únicas e inviolables.

Otoy, una empresa de computación en la nube, ha desarrollado un programa que permite a los creadores de NFT seguir patrones informáticos similares a los de Adobe. Las aplicaciones se utilizan para generar efectos especiales y gráficos 3D para producciones de Hollywood. El comité ejecutivo de la empresa incluye al director JJ Abrams, al ex CEO de Google Eric Schmidt, al ex CTO de LucasFilm Richard Kerris y al CEO de la agencia de talentos más grande del mundo, Ari Emmanuel (Endeavor).

Las perspectivas también se dirigen hacia las agencias de talentos. Proporcionar imágenes escaneadas en 3D de actores o atletas, típicamente para películas o anuncios. Una vez más, estas imágenes convertidas en NFT garantizan la protección legal de las personalidades. La importación de estos rostros escaneados permitiría luego que los talentos se encuentren en juegos como Fortnite, con derechos de imagen que se pagan a cada uno de los involucrados. El potencial es impresionante y el modelo aún no está claramente definido, ya que es incipiente: "los artistas deben trabajar con los titulares de los derechos de propiedad intelectual. La solución proporcionada por Otoy es tan nueva que aún no se ha encontrado un consenso para definir un estándar", según Jules Urbach, el CEO. Entre los inversores de Otoy hoy en día se encuentran Disney, Discovery y HBO.

Otros proyectos han llamado la atención en el campo del séptimo arte, más cercanos a los "*metaversos*", de los cuales hablaremos más adelante. El mejor ejemplo es la startup Terra Virtua, que ha lanzado NFT producidos bajo la licencia de "*El Padrino*" de Francis Ford Coppola, y se pueden descargar directamente en su universo virtual cerrado.

Finalmente, en esta carrera hacia el nuevo "*merchandising digital*", se pueden encontrar pósteres exclusivos de películas disponibles como NFT en la plataforma Opensea. También existe una serie de colecciones digitales que pueden tener la forma de boletos o cartas de juego; Marvel y Sony han desarrollado estos activos con las franquicias de "*Deadpool*" y "*Goosebumps*".

A través de todos estos ejemplos, se está produciendo una especie de "*fiebre del oro*" que impulsa a los creadores y poseedores de NFT hacia nuevas fronteras. Se están adoptando nuevas mentalidades en las que los estudios, los productores e incluso las agencias de talento deben convivir para asegurar una cadena de valor próspera, en relación directa con los fanáticos. Veamos los NFT como un catalizador entre un mensaje a veces opaco del diseñador y el público.

# Capítulo 5 : ¿Cómo los NFTs se van a integrar en « metaversos » y videojuegos ?

En el mundo de los NFT, hay un sector que se destaca por su rápida evolución: los videojuegos. A un ritmo frenético, este ámbito ha sabido aprovechar los activos digitales, como los famosos "*skins*" comprados en Fortnite, para ofrecer experiencias de juego cada vez más inmersivas y personalizadas. Estas valiosas posesiones digitales han demostrado su valor al permitir que los jugadores trasciendan los límites de sus avatares, progresen más rápidamente en sus búsquedas virtuales e incluso accedan a recompensas exclusivas. En otras palabras, los tokens no fungibles y los videojuegos se han convertido en cómplices inseparables, tejiendo lazos indestructibles. Pertenecen a la misma familia.

A diferencia de los tokens físicos tradicionales, que solían insertarse en las antiguas máquinas recreativas, los tokens digitales han revolucionado la experiencia de los videojuegos. Su naturaleza inmaterial les confiere una facilidad de transferencia sin igual, pasando de mano en mano, de juego en juego, en un simple instante.

De esta manera, estos artefactos digitales, verdaderas joyas virtuales, no se limitan a un solo universo, sino que encuentran su camino en los rincones más cautivadores de la web actual. El paso de un universo a otro tiene un nombre: la interoperabilidad.

Más allá de su dimensión estética, los NFT en los videojuegos tienen mucho más que ofrecer. Representan pasaportes hacia mundos paralelos, donde la expresión de uno mismo encuentra una libertad infinita. Cada jugador puede imprimir ahora su marca personal en su avatar, insuflándole una identidad única y memorable. Pero eso no es todo, ya que los NFT también permiten acceder a privilegios exclusivos, utilidades, la capacidad de explorar territorios inexplorados e intercambiar tesoros con otros aventureros digitales.

Sin embargo, detrás de esta efervescencia hay desafíos importantes. El valor de los NFT depende en gran medida de la comunidad que los respalda. Por lo tanto, es fundamental preservar la confianza de los jugadores y los creadores, garantizando la transparencia de las transacciones y la seguridad de las plataformas de intercambio. Los jugadores también deben permanecer vigilantes frente a proyectos dudosos o intentos de estafas que puedan alterar esta relación armoniosa entre NFT y videojuegos, como hemos visto en el caso de *"Evolved Apes"*.

En este mundo en constante cambio, donde las fronteras entre la realidad y la virtualidad se desvanecen, los NFT se revelan como los eslabones perdidos que han cautivado el corazón de los gamers. Su valor se basa no solo en su singularidad, sino también en la pasión de una comunidad de jugadores y creadores que los respaldan. En una era en la que los píxeles cobran vida y los mundos virtuales se expanden infinitamente, los NFT son testigos privilegiados de esta fusión entre tecnología e imaginación.

### El « play-to-earn » : ¿Cómo eso funciona ?

En este nuevo paisaje tecnológico revelado a través de estas páginas, ha surgido con fuerza un modelo económico innovador que fusiona hábilmente los NFT y los videojuegos. Como un ballet orquestado con genio, esta improbable unión se basa en un esquema tan sencillo como evidente: jugar para ganar dinero. En otras palabras, se trata del fenómeno comunitario evocador conocido como *"play-to-earn"* (jugar para ganar).

Aquí es necesario desarrollar esta terminología. Esta noción, en apariencia contraintuitiva, significa una revolución completa que va más allá de las fronteras tradicionales entre entretenimiento e ingresos. Tradicionalmente, los juegos se perciben como una simple diversión, un pasatiempo efímero donde se puede escapar temporalmente de la rutina, avanzando niveles. Pero hoy en día, se han convertido en motores de oportunidades reales, donde cada movimiento en el control puede potencialmente abrir las puertas a una retribución financiera.

El principio del *"play-to-earn"* se basa en un intercambio mutuamente beneficioso. Los jugadores invierten su tiempo, talento y pasión en mundos virtuales, mientras que los NFT actúan como testigos fieles de sus logros digitales. Gracias a estos valiosos tokens no fungibles, los jugadores pueden recolectar recompensas, tokens u objetos raros que tienen un valor tanto virtual como tangible.

El origen de este modelo económico se encuentra en la tecnología de la blockchain, otra vez. Los NFT están anclados en esta arquitectura criptográfica, ofreciendo garantías de autenticidad y singularidad. De esta manera, los jugadores pueden intercambiar sus bienes virtuales con confianza, creando un mercado floreciente donde las habilidades y la perseverancia son recompensadas en su justo valor.

Sin embargo, detrás de esta visión idílica, existen desafíos importantes. El *"play-to-earn"* puede potencialmente generar desigualdades y disparidades, donde algunos jugadores con más recursos pueden beneficiarse de esta nueva economía, dejando rezagados a los menos favorecidos. Por lo tanto, es crucial garantizar una distribución justa de oportunidades y preservar el espíritu de equidad en este nuevo ecosistema.

Veremos a través de ejemplos cómo el "*play-to-earn*" trasciende las nociones convencionales de juego y trabajo, creando un ecosistema dinámico donde la imaginación, el esfuerzo y la perseverancia se ven recompensados con tokens u otros activos.

**Axie Infinity.** Este juego de rol por turnos, creado magistralmente por el estudio Sky Mavis, ha logrado cautivar a las mentes ávidas de aventura. En este mundo encantador, nos sumergimos en épicas batallas de tres contra tres, donde temibles criaturas, los Axies, nos desafían. El juego se puede disfrutar tanto en PC como en dispositivos móviles, en plataformas tradicionales en 2D. En el apogeo de los NFT, una marea de dos millones de jugadores en todo el mundo se dejó llevar por el fascinante universo de los "*blobs*" de Axie Infinity.

Algunos meses después de su creación, la valoración espectacular del juego alcanzó casi los tres mil millones de dólares, una cifra que hay que relativizar una vez más en el contexto actual de baja del mercado.

Lo que distingue a Axie Infinity y le permite conquistar a un exigente público son las barreras de entrada difíciles que impone. El juego no está al alcance de todos. Es necesario adquirir previamente tres Axies en la plataforma. En la actualidad, el Axie más asequible se negocia alrededor de 0,03 ETH, es decir, cerca de 50 dólares. Mencionábamos 150 euros en 2021. Además, es importante destacar que a fines de 2020, el precio más alto jamás alcanzado por un Axie llegó a 300 ETH, aproximadamente 112,000 dólares en ese momento.

La burbuja finalmente estalló, pero los usuarios no abandonaron el juego. En el corazón del año 2021, Axie Infinity registraba la asombrosa cifra de 500,000 cuentas activas diarias. La mayoría de estos jugadores se encontraban principalmente en Indonesia y Filipinas. Para los filipinos, Axie Infinity era mucho más que un simple videojuego. Se había convertido en un medio de subsistencia y una forma de escapar de la pobreza para muchas personas en el país. Al jugar a Axie Infinity y criar mascotas digitales (los Axies), los filipinos encontraban una fuente de ingresos superior a lo que podían ganar con empleos tradicionales.

*Diseño del juego Axie Infinity*

En esta transmutación sociológica, ética y económica, el modelo de juego "*play-to-earn*" les permitía convertir activos virtuales en dinero real, dándoles estabilidad financiera y la esperanza de un futuro mejor. Incluso se organizaron sistemas de becas para que los jóvenes pudieran pagar sus estudios con sus "*Axie*". Así, el juego se convirtió en un salvavidas para muchos filipinos, garantizando, de alguna manera, su independencia financiera. Aunque las cifras actuales de uso no se han dado a conocer, el número de jugadores ha disminuido considerablemente desde entonces, alrededor del 74% en 2022, con el token de gobernanza (AXS) cayendo de 60 dólares a poco menos de 10 dólares.

Más allá del aspecto más que discutible de esta burbuja, es la mecánica de *"play-to-earn"* la que llama la atención aquí y encuentra su desarrollo, recordando el fenómeno de los Tamagotchis que arrasaron en los patios de recreo a fines de los años 90. Sin embargo, en el caso de Axie Infinity, hay una particularidad: realmente podíamos ganar dinero, a veces incluso en abundancia.

*AXIE Infinity – su interfaz y casos de uso*

De hecho, cada "*Axie*" es en realidad un NFT, un token único cuyo valor varía según sus características intrínsecas. Así, el hecho de "educar" estas criaturas virtuales se había convertido en una actividad lucrativa por derecho propio. No era raro ver a jugadores ganar más de 2000 dólares al mes gracias a Axie Infinity, siempre y cuando dedicaran tiempo y energía a ello. Algunos incluso lograron duplicar sus ingresos mensuales en comparación con su empleo tradicional, mientras disfrutaban de la comodidad de su hogar. Los tiempos de pandemia que hemos atravesado recientemente, con confinamientos obligatorios, sin duda alentaron a jugadores y desarrolladores a embarcarse en este juego con un gran potencial financiero.

Este ascenso descomunal de Axie Infinity lógicamente despertó el interés de magnates de la industria. El multimillonario estadounidense y propietario de un club, Mark Cuban, ya ha abierto generosamente su cartera para respaldar el proyecto, al igual que el cofundador de la red social Reddit, Alexis Ohanian. En las etapas iniciales del proyecto, el fondo de inversión estadounidense Andreessen Horowitz participó en una recaudación de fondos colosal de 152 millones de dólares para apoyar el juego. El objetivo final se alcanzó en los últimos meses, con la entrada de Axie Infinity en la App Store de iOS y en el Play Store de Android, abriendo así las puertas a una cantidad considerable de jugadores y, por extensión, a posibles compradores.

En este fascinante ecosistema donde la imaginación se encuentra con la fortuna, Axie Infinity ha logrado crear un vínculo fuerte entre la diversión y las ganancias materiales. En sus comienzos, el juego alcanzó una consideración única: las fronteras entre juego y trabajo se difuminaban para dar paso a una realidad en la que cada misión, cada combate, se convertía en una oportunidad de crecimiento y prosperidad.

Todo esto puede parecer muy utópico ahora, pero Axie Infinity revela el extraordinario potencial de las nuevas tecnologías y abre el camino a nuevas formas de expresión económica.

**Stepn.** Este nuevo modelo amplía la dinámica de "*jugar para ganar*". Esta vez se trata de "moverse para ganar criptomonedas": el "*move-to-earn*".

El juego causó sensación en 2022 al crear una impresionante comunidad en Twitter y Discord. Está diseñado para animar a los usuarios a ser más activos y ofrece diversos desafíos y recompensas para motivarlos a moverse más.

Los jugadores primero deben comprar zapatillas en forma de NFT, después de haber creado una cartera digital directamente en la aplicación. Una "*sneaker*" comprada en Stepn representa dos unidades de energía, lo que equivale a 10 minutos de caminata o carrera según las características del calzado: una "*walker*" solo permite una velocidad de 1 a 5 km/h, si se supera esta velocidad no se generarán criptomonedas en el tiempo asignado. Por otro lado, una "*runner*" solo produce tokens si la velocidad es superior a 5 km/h.

Cuanto más deportistas de Stepn compren zapatillas, más energía tendrán para realizar sus ejercicios.

Por ejemplo, hoy tengo 9 pares de zapatillas que me proporcionan 45 minutos diarios de caminata o carrera. Tengo una zapatilla "*personalizada*" en la que he alcanzado todos los niveles (del 1 al 30) y es mi "*zapatilla maestra*" que me permite activar las 9 energías todos los días.

Para comprar zapatillas en Stepn, se deben obtener Solana, una de las criptomonedas más conocidas. Luego, al igual que con Axie Infinity, se pueden generar dos tipos de tokens, según tus elecciones. El GMT, que es el token de gobernanza del juego, o el GST (Green Satoshi Token), que es el token utilizado solo en el juego.

Por una carrera de 45 minutos, generarás en promedio 3 GMT o aproximadamente 45 GST. Por supuesto, las dos criptomonedas no tienen el mismo valor, siendo el GMT mucho más valorado en términos de capitalización de mercado.

Las zapatillas tienen 4 atributos: resistencia, comodidad, eficiencia y suerte. La resistencia se refiere a la durabilidad del calzado: cuando corres durante 45 minutos, tus zapatillas perderán puntos de resistencia y deberás usar tus GST para recargarlas al 100%. Esta es una de las características bien pensadas del juego, al igual que los SLP de Axie Infinity.

Debes usarlos para permanecer en la aplicación y no venderlos sistemáticamente. La comodidad es el criterio que desbloquea más GMT cuando caminas o corres. La eficiencia, cuando se potencia, te permite ganar más criptomonedas en menos tiempo; y la suerte te permite generar más "*mystery box*", que son como paquetes sorpresa que puedes abrir (o no) y que te brindan GST gratuitos o puntos adicionales de eficiencia, suerte, etc.

¿Cómo crea valor el juego? ¿Y cómo se reutilizan estos tokens?

Satoshi Lab es la empresa responsable del diseño de Stepn. Varios fondos de inversión estuvieron presentes desde el inicio del proyecto, como Sequoia, para desarrollar la aplicación. De hecho, esto fue un criterio atractivo para invertir al principio. Los desarrolladores de Stepn han declarado que su objetivo era crear un juego que no solo divierta a los usuarios, sino que también los ayude a adoptar un estilo de vida más saludable. El juego está disponible de forma gratuita en la App Store y Google Play, y los usuarios pueden comenzar a ganar recompensas tan pronto como comienzan a caminar o correr.

Siendo completamente honesto, en pleno auge de los NFT, este modelo, que es fácil de explicar y que fomenta el ejercicio físico (lo cual me interesaba), parecía atractivo. Sin embargo, la creación de valor es inexistente. Los tokens generados por el juego son inflacionarios (no están limitados) y el valor de GMT y GST ha caído a lo largo de los meses. Lo mismo ha ocurrido con Solana. Aquí tienes algunos datos que deberían ser comprensibles para ti: en 2022, para obtener 9 pares de zapatillas, se necesitaban alrededor de 2500 euros, convertidos a Solana. Hoy en día, puedes conseguir esa colección con solo 250 euros.

El juego no crea valor. Por mucho que intentes defender el argumento, te resultará difícil hacerlo valer en tus conversaciones. Sin embargo, no estoy de acuerdo con algunas críticas que lo acusan de ser una estafa piramidal de Ponzi (un esquema de estafa bien conocido en el que los últimos inversores financian a los primeros). Si bien, después de leer la descripción del juego, podríamos pensar que se trata de un esquema piramidal, sigo pensando que la ergonomía de la aplicación, su facilidad de uso, la impresionante comunidad en redes sociales, los gastos de marketing y las asociaciones futuras con grandes marcas (como Nike o Asics, que ya son socios del juego) harán que Stepn se popularice en el futuro. Recientemente, la comunidad de desarrolladores se entusiasmó con la incorporación de "Apple Pay" directamente en la aplicación para poder comprar zapatillas.

**Los cryptokitties.** Estos activos digitales, similares a gemas en un mundo virtual, se distribuyen dentro de una aplicación descentralizada, también conocida como "Dapps", es como un jardín digital donde las flores crecen sin la intervención de un jardinero central.

Imagina un mundo poblado de gatitos virtuales, al igual que Axie Infinity con sus fascinantes criaturas, donde cada felino tiene características únicas y un estilo distintivo, como una obra maestra con colores y formas variadas. Los artistas detrás de esta obra digital son nada menos que Dapper Labs, los mismos creadores que dieron vida al emocionante juego que involucra la liga de baloncesto más famosa del mundo: NBA Top Shop.

La plataforma, como una galería de arte de renombre, tiene un valor impresionante de más de 7 mil millones de dólares. Sin embargo, al igual que con cualquier pieza de colección, los riesgos asociados con los juegos de azar deben ser vigilados de cerca. Aunque el *"play-to-earn"* se asemeja más a una inversión que a un simple entretenimiento, es importante tener en cuenta que los usuarios tienden a pasar 5 veces más tiempo en estos juegos blockchain en comparación con los juegos tradicionales. Es como comparar la fascinación por las subastas de obras de arte raras con la de los juegos de mesa clásicos.

**Los Aavegotchis.** En el universo de la blockchain, han surgido misteriosos fenómenos llamados *"criptoactivos"*. Como encantadoras apariciones espectrales, cobran vida en forma de NFT.

A diferencia de sus homólogos, que generalmente se adquieren con la famosa criptomoneda Ethereum, estos han encontrado su hogar en la blockchain Polygon, más conocida como MATIC, una plataforma que recientemente ha experimentado un éxito arrollador en Binance.

Tan solo seis meses después de su lanzamiento, este proyecto innovador ha presentado un mercado llamado Aavegotchi Baazaar, donde estas enigmáticas criaturas pueden ser compradas y vendidas. Desde entonces, se ha convertido en la principal plataforma NFT en Polygon, alcanzando ventas que superan la asombrosa cifra de 10,9 millones de dólares solo en el mes de septiembre de 2021.

*Los fantasmas de Aavegotchi en el puente
Blockchain entre MATIC y ETH*

Justo después de su lanzamiento, el equipo de Aavegotchi hizo un anuncio impactante: la creación de un puente que conecta los dos sistemas blockchain, Polygon y Ethereum, a través de una asociación con la plataforma Rarible. Este cruce entre los dos mundos de la blockchain representa un gran avance hacia la interoperabilidad y otorga a este token un estatus pionero.

Sin embargo, detrás de esta apariencia fascinante, es necesario adoptar una mirada crítica hacia el proyecto. Al igual que con otros NFT, la tendencia a la especulación y la "locura" de compra que los rodea plantea preguntas sobre la sostenibilidad de este fenómeno y su verdadero significado.

Además, aunque la interoperabilidad entre diferentes blockchains es sin duda un paso adelante, es crucial cuestionar las consecuencias de esta expansión desenfrenada y la preservación de la integridad de estos sistemas descentralizados.

**RTFKT.** En el corazón de estos universos encantadores donde la tecnología y la creatividad se fusionan, no se puede dejar de mencionar a esta innovadora empresa quien redefine la forma en que percibimos los zapatos. Nuestras zapatillas.

RTFKT, un acrónimo enigmático que evoca el término en inglés "*artifact*" (artefacto), es una empresa fundada por visionarios franceses que exploran la fascinante intersección entre el arte, la tecnología y las zapatillas.

Su ambicioso objetivo es ampliar los límites de la expresión creativa fusionando el mundo físico y el mundo digital a través de productos únicos y revolucionarios.

Recientemente adquirida por la prestigiosa marca Nike, RTFKT ha logrado despertar la admiración de numerosos coleccionistas, amantes del arte y entusiastas de los zapatos en todo el mundo. ¿Cómo lo han logrado? La respuesta radica en la ingeniosa incorporación de los NFT en el proceso de compra y autenticación de los zapatos.

Para ser más precisos, RTFKT ofrece a los amantes de la moda una experiencia sin precedentes al permitirles adquirir exclusivas zapatillas en forma de NFT. De esta manera, cada par de zapatos RTFKT se convierte en una pieza única y autenticada, inalienable y valiosa, cuyo valor no deja de aumentar.

*Modelo icónico RTFKT, que se puede comprar en ETH en Opensea*

Pero RTFKT va más allá en su audacia creativa. Al asociar zapatos físicos reales con estos tokens no fungibles, crean un vínculo inextricable entre el arte y el objeto tangible. Cada par de zapatos comprado viene acompañado de un distintivo NFT correspondiente, que garantiza la autenticidad y procedencia del par en cuestión. De esta manera, los coleccionistas pueden poseer un par físico al mismo tiempo que se benefician de la inmortalidad y trazabilidad ofrecidas por la blockchain. Es esta idea de matrimonio entre lo "físico" y lo "digital", o en otras palabras, lo que podríamos llamar "físico-digital" o "*phygital*".

Imagínate: lucir tus zapatos favoritos, creados por los diseñadores más talentosos, mientras posees simultáneamente un activo digital único, grabado en la eternidad de la blockchain. RTFKT abre camino a una nueva forma de propiedad, una experiencia multisensorial en la que las fronteras entre el arte, la moda y la tecnología se desvanecen para crear una fusión moderna.

Más allá de la experiencia individualizada, RTFKT ha creado una comunidad vibrante y apasionada. Los poseedores de estos zapatos NFT tienen la oportunidad de conectarse, intercambiar y compartir su pasión común. Los coleccionistas se convierten en embajadores de la marca al igual que LeBron James, recientemente poseedor de un par físico diseñado por Nike y RTFKT.

La historia de RTFKT apenas comienza y podemos esperar que continúe dando forma al panorama de la industria de la moda en colaboración con Nike. De hecho, la empresa es ahora el centro del departamento de "*criptoactivos*" de Nike en Oregón.

**Los NFT no se pueden disociar de los « metaversos »**

En la familia "*Web3*", los NFT son los nietos o los primos hermanos del "*metaverso*". De hecho, en general, con el crecimiento de la inteligencia artificial generativa, los especialistas en innovación estarían equivocados al ser exclusivos en los temas. No, la inteligencia artificial no viene a reemplazar la cadena de bloques o el "*metaverso*". Viene a complementarlos.
Incluso diría que en el futuro uno no podrá funcionar sin el otro. Lo mismo ocurre entre los NFT y el metaverso.

Centrémonos en el concepto de "*metaverso*". Es difícil dar una sola definición de esta palabra que ha aparecido muy recientemente, ha pasado por muchas peripecias y aún se entiende poco. Descrito de manera consensuada, un "*metaverso*" es un universo en el que nuestras identidades reales se extienden en lo digital, virtual o digital.

Así, en estos universos, podemos tener un avatar que se parece a nosotros, o no, intercambiar criptomonedas, activos digitales y coleccionarlos para valorizarlos más adelante.

Dentro de las GAFAM, Mark Zuckerberg es el verdadero evangelista del tema, con anuncios constantes: definiciones, intención de cambiar el nombre de "*Facebook*", inversiones colosales para desarrollar el "*metaverso*" con contrataciones clave. Esto incluso le costó caro. Después del gran anuncio en noviembre de 2021 del nombre "*Meta*" en lugar de "*Facebook*", que englobaba todas las demás marcas como WhatsApp, Oculus o Instagram, todas las esperanzas estaban permitidas.

Pero el año 2022 fue una pesadilla para la empresa californiana. La compañía terminó 2022 con una disminución del 1% en sus ingresos anuales. Reality Labs, que es la rama de investigación y comercialización de todo lo relacionado con el "metaverso", registró pérdidas de 14 mil millones en 2022, arruinando el balance general de Meta. Esto incluso provocó despidos masivos y un enfoque en actividades de innovación hacia la rama de la inteligencia artificial, después de los 100 millones de usuarios del famoso Chat GPT en dos meses (nunca antes visto en la historia de la tecnología).

Pero volvamos a nuestros NFT y cómo pueden encajar en el "*metaverso*". El concepto se popularizó con el lanzamiento del libro "*Ready Player One*", del cual ya hemos hablado, escrito por Ernest Cline y luego brillantemente adaptado al cine por Steven Spielberg. Para comprender fácilmente la adopción masiva de estos nuevos usos, el juego "*Fortnite*" es revelador. De hecho, el juego no solo ofrece ganar o perder contra otro jugador, sino también presenciar conciertos, avances de películas, como el concierto del artista Travis Scott visto por millones de jugadores simultáneamente el año pasado. Se compran "*skins*" en "*Fortnite*" con dinero real para adquirir armaduras, espadas o fichas. No es necesario profundizar más en la compatibilidad de los NFT con estos universos. Están entrelazados entre sí.

Los usuarios pueden comprar NFT en Rarible que representan una parte de este espacio virtual compartido. El "*metaverso*" puede utilizarse para transferir activos digitales de una cadena de bloques a otra.

"*Fortnite*", desarrollado por la empresa de videojuegos "*Epic Games*", es un universo virtual centralizado. Es un videojuego tradicional en el que existen niveles y las decisiones importantes sobre la evolución del juego son tomadas por los accionistas, incluyendo la naturaleza y el diseño de las "*skins*".

Para establecer la conexión entre los NFT y el "*metaverso*", es necesario adentrarse en otras plataformas. Comunitarias. Y exclusivamente descentralizadas. Es decir, donde las decisiones son tomadas por los jugadores y los poseedores de activos digitales de la plataforma.

Veamos más de cerca a qué actores me refiero cuando hablo de estos universos descentralizados.

**Decentraland.** Esta plataforma es el primer "*metaverso*" construido sobre la cadena de bloques. Con sede en Argentina, recaudó 25 millones de dólares en fondos en 2017. Inicialmente, el acceso a Decentraland se realizaba mediante invitaciones y desde 2020, se abrió al público en general. Sin duda, "ayudado" por la pandemia y los usuarios confinados en sus hogares.

A diferencia de "*Second Life*", el mundo desarrollado por Decentraland es propiedad de los usuarios. Aquí encontramos los mismos principios de descentralización mencionados anteriormente. Los accesorios y los NFT no son simplemente "parte" del tema en Decentraland, son EL tema. Son el fundamento mismo. En este ecosistema, los tokens revelan personalidad, creatividad, estatus y pueden ser lucrativos.

Podemos adquirir terrenos virtuales por un promedio de 3000 dólares y, dependiendo de su uso, obtener rendimientos que permiten obtener ganancias. Por ejemplo, si un usuario compra una parcela de terreno en Decentraland y decide instalar un cartel publicitario, podrá alquilar ese espacio a cualquier anunciante. Cuando un avatar haga clic en el cartel publicitario, se abrirá una nueva ventana con el producto del anunciante en cuestión.

Dado el creciente número de usuarios activos en la plataforma, es solo cuestión de tiempo antes de que NASDAQ se interese seriamente en el potencial promocional de este tipo de plataformas, entre otros aspectos.
Recientemente, se organizó un importante festival de hip-hop en Decentraland, con la posibilidad de seguirlo en 2D desde el navegador. Además, el prestigioso torneo de tenis Open de Australia creó su espacio en Decentraland para comprar NFT relacionados con el evento. Se puede ver las canchas de tenis en 3D o pasear por zonas VIP virtuales donde se pueden realizar conferencias únicas.

**The Sandbox.** En la inmensidad galáctica de los juegos virtuales, ha surgido una nueva estrella con el seductor nombre de The Sandbox. Este mundo virtual revolucionario permite a los jugadores construir, adquirir e incluso monetizar sus propias experiencias digitales. Imagina un mundo donde la creatividad se fomenta, donde las posibilidades se multiplican y donde los jugadores son los maestros de su propio destino

*Las tierras virtuales vendidas en Decentraland y Sandbox*

En este reino digital, una poderosa comunidad se ha organizado, luciendo un diseño que recuerda con malicia al famoso juego "*Minecraft*". Píxeles tridimensionales, llamados "voxels", circulan, intercambiables por grandiosas construcciones, monumentales edificios e incluso seres virtuales.

En otras palabras, en The Sandbox tenemos el privilegio de jugar juegos derivados de otros juegos e incluso crear el nuestro propio. Este concepto se asemeja al de "*Roblox*", otro "*metaverso*" centralizado con una asombrosa audiencia (aproximadamente 50 millones de usuarios únicos diarios en todo el mundo): el "*usuario generador de juegos*" o UGG. El usuario es el creador del juego o contenido en el que desea evolucionar.

Pero, ¿qué tienen que ver los NFT en este increíble universo? The Sandbox también ofrece pintorescas tiendas donde los artistas pueden monetizar sus creaciones a su antojo. ¿Cómo? Simplemente convirtiendo sus obras en NFT e importándolas desde plataformas conocidas como Opensea o Rarible. De esta manera, los talentosos artistas pueden diseñar NFT y cederlos a editores de juegos que luego los integran en sus dominios virtuales.

Por supuesto, en la actualidad, The Sandbox sigue siendo un destino en línea poco frecuentado, con pocos usuarios únicos al día. Además, son muy pocas las personas que compran NFT en la plataforma, que por ahora solo está disponible en PC. Con el crecimiento de los usos en el futuro, es probable que veamos esta comunidad crecer, atrayendo a los aventureros más audaces y a las mentes más creativas. The Sandbox cuenta con numerosas asociaciones con marcas de lujo e incluso con cantantes de éxito que han invertido en sus parcelas virtuales.

## La compatibilidad de los "metaversos" con la tecnología XR.

Ya sea Decentraland o The Sandbox, vemos claramente la oportunidad de poner a disposición estos espacios en dispositivos distintos a los tradicionales, como smartphones u ordenadores. El mundo de la realidad virtual o aumentada entra en juego: los cascos Oculus Quest, PICO o las gafas de realidad mixta como las NREAL del fabricante chino del mismo nombre. A la espera de las gafas de Apple, esperadas como el Mesías por todos los actores del sector.

Imagina poder ver el concierto privado organizado por Snoop Dogg en The Sandbox, mencionado anteriormente, a través de unas gafas de realidad virtual, inmerso por completo, y no solo desde un navegador 2D. El potencial ya no necesita justificación, pero aún hay cuestiones de comodidad visual, adopción generalizada de estos dispositivos aún costosos y exclusivos.

En el contexto del matrimonio entre los metaversos y las tecnologías XR, OVR es un proyecto europeo extremadamente ambicioso que merece una atención especial. OVR tuvo la genial idea de no crear su propio mundo como The Sandbox o Decentraland, sino de recrear nuestra Tierra. Una especie de "*mapeo*" del mundo en realidad aumentada. La Tierra se divide en 1,6 billones de terrenos de OVR, cada uno único y correspondiente a una ubicación geográfica específica. En su propia calle, su jardín o incluso en el Louvre. En un terreno de OVR, es posible crear casi cualquier cosa: edificios, galerías de arte, festivales o experiencias únicas para los visitantes.

Para embarcarse en la aventura de OVR, es necesario adquirir monedas OVR en las principales plataformas de intercambio como Binance o Coinbase. Luego, podemos importarlas al mercado primario y secundario de OVR, que se llama IBCO. Este mercado es la principal garantía de liquidez para los poseedores de tokens OVR que deseen vender.

*Buscar un tesoro en OVR con sus gafas AR*

¿Por qué OVR tiene un potencial mucho mayor que sus competidores? Porque no es simplemente una herramienta para mostrar tus criptopunks en una parcela de terreno virtual. También es posible probar la arquitectura 3D con una herramienta extremadamente intuitiva de creación 2D/3D integrada en el metaverso: el *OVR Builder*.

Otra singularidad y no menos importante es la posibilidad de utilizar OVR desde tu smartphone y tus gafas conectadas. Para ello, simplemente descarga la aplicación y accede a los diferentes eventos indicados. Así podrás participar en búsquedas del tesoro, jugar con amigos conectados o desconocidos, asistir a un concierto virtual o visitar una galería de NFT.

Una búsqueda del tesoro realizada en OVR permite geolocalizar tus NFT, representarlos en realidad virtual y capturar otros nuevos.

Además, tu avatar es personalizable en OVR y cada vez más marcas conocidas de ropa, como Nike o Asics, se han lanzado a la creación de prendas NFT que pueden estar vinculadas a ese mismo avatar en su metaverso.

Pero sobre todo, lo que diferencia a OVR de la competencia es su visión de interoperabilidad. Esta es una problemática importante en el metaverso hoy en día, a menudo poco abordada. Si tienes un NFT en tu cartera digital, tienes la posibilidad de importarlo directamente al OVR Builder y anclarlo en uno de tus OVRLands.

La visión de OVR es convertirse en la plataforma descentralizada del Web Espacial y el "hogar" de los NFT, un ecosistema altamente interoperable que albergue todos los contenidos disponibles posibles gracias a los NFT en los metaversos.

Además, el origen europeo de OVR es interesante, en medio de la abrumadora mayoría estadounidense. El equipo está compuesto principalmente por expertos en tecnología blockchain de Italia. El CEO es Davide Cuttini, un emprendedor en realidad aumentada con experiencia en robótica, blockchain y aprendizaje automático.

**Otros actores importantes están creciendo al editar "metaversos" compatibles con los NFT.**

En este camino constante de vincular los NFT con avatares digitales, cápsulas del tiempo y "*metaversos*", veamos otros ejemplos ilustrativos. Muchos de ellos provienen de Francia. Como se ha podido observar en este libro, Francia es una tierra privilegiada en la comunidad Web3.

En primer lugar, tenemos la empresa francesa Ternoa, una joya que recientemente abrió las puertas de su protocolo a desarrolladores de todo el mundo. Estos desarrolladores son recompensados con CAPS, el token nativo de esta innovadora startup. Ternoa tiene una peculiaridad intrigante: la distribución de NFT capaces de alojar dos medios distintos, uno público y otro secreto. Gracias a su concepto de cápsulas del tiempo, Ternoa permite ahora la creación de un espacio donde los usuarios pueden cifrar y transmitir sus datos a través del tiempo. Esta innovación encuentra eco en la industria musical, que observa con interés los avances de Ternoa. Sin duda, esta joya francesa merece ser vigilada de cerca.

En la misma línea de integración de los NFT con avatares digitales reutilizables en metaversos, el multimillonario Mark Cuban, mencionado anteriormente en nuestra historia con Dapper Labs, ha invertido en una plataforma de inteligencia artificial llamada Alethea. La idea aquí es permitir que los NFT interactúen una vez importados. Así, imagina a un ciberpunk en un juego luchando contra una personalidad "*avatarizada*". Surge una fascinante alianza entre la tecnología de los NFT y la inmersión en un universo digital. En el futuro, con la apertura de las aplicaciones del robot conversacional Chat GPT a otros campos, podrían producirse avances inimaginables hoy en día.

Paramos un momento sobre Chat GPT: este modelo de lenguaje voluminoso (LLM, por sus siglas en inglés) es un tipo de algoritmo de inteligencia artificial (IA) que utiliza técnicas de aprendizaje profundo y conjuntos de datos extensos para comprender, resumir, generar y predecir nuevo contenido.

En un futuro cercano, respetando esta visión "no exclusiva" detallada anteriormente, la unión entre los modelos de lenguaje voluminoso (LLM) y los NFT, así como los avatares digitales, podría dar lugar a nuevas formas de interacciones y experiencias en línea.

Los LLM, con su capacidad para comprender, generar y predecir contenido, deberían utilizarse para enriquecer los NFT. Los NFT, como activos digitales únicos y autenticados en la cadena de bloques, ya representan obras de arte, objetos de colección y mucho más. Los LLM podrían agregar una capa adicional de valor e interactividad al generar descripciones, historias o incluso diálogos asociados con estos NFT. Esto permitiría a los coleccionistas entrar más profundamente en el universo de sus objetos digitales, brindándoles una narrativa más inmersiva.

Además, los avatares digitales también podrían beneficiarse de la integración de los LLM. Los LLM son capaces de comprender y generar contenido escrito, pero también podrían utilizarse para interactuar con avatares digitales en entornos virtuales. Por ejemplo, los LLM podrían utilizarse para generar diálogos realistas y dinámicos entre avatares y usuarios, creando así experiencias más auténticas y cautivadoras.

La combinación de LLM, NFT y avatares digitales abre un amplio campo de oportunidades para la creación de experiencias en línea más inmersivas y personalizadas. Los usuarios podrían interactuar con personajes virtuales que tienen rasgos de personalidad únicos, capaces de comprender y responder de manera contextual a las conversaciones. Además, los NFT también podrían enriquecerse con historias y contenido generado por los LLM, dando vida a universos virtuales más ricos y cautivadores.

En resumen, la combinación de LLM con NFT y avatares digitales promete transformar nuestra forma de interactuar y experimentar en los mundos virtuales. Es evidente que estas tecnologías se complementan mutuamente en la creciente familia de Web3, ofreciendo nuevas oportunidades para la creatividad, la expresión artística y las experiencias inmersivas en línea.

Por último, vamos a hablar de dos proyectos estadounidenses emergentes: NetVRK y Bloktopia. Estos dos metaversos, basados en los mismos modelos mencionados anteriormente (interoperables y abiertos a desarrolladores), capturan la imaginación de los entusiastas. En un video sutil de presentación, Bloktopia revela una visión que recuerda a los asombrosos conceptos visuales presentados en "*Ready Player One*". Imagina la integración de los NFT en este próspero metaverso. La plataforma, en colaboración con la cadena de bloques Elrond (EGLD), ofrece una experiencia inmersiva accesible a través de un casco de realidad virtual. Este proyecto recién nacido ya estaba en boca de todos en la esfera criptográfica, generando un entusiasmo sin precedentes. Antes de la caída de las criptomonedas, ya que el token ha perdido el 90% de su valor en comparación con su máximo del año pasado.

Sigo creyendo en este proyecto. Más allá de su impresionante comunidad, Bloktopia se posiciona como la "*fundación de las criptomonedas*", una torre de 21 pisos donde cada piso representa un universo compatible con los NFT.

Hay un piso dedicado a los automóviles, otro a los zapatos deportivos y así sucesivamente. Todo está diseñado para explorarse a través de un casco de realidad virtual, ofreciendo una experiencia inmersiva sin precedentes.

Estas historias increíbles nos invitan a ampliar los límites de la imaginación, a vislumbrar un futuro en el que los NFT se integren armoniosamente en nuestras experiencias virtuales y creaciones artísticas. Nos recuerdan que la tecnología y la creatividad pueden entrelazarse de manera sorprendente, dando lugar a nuevos horizontes donde se entremezclan la audacia de las ideas y el poder de los avances tecnológicos.

# Capítulo 6 :¿Cuál es la aportación de valor de los NFT para industrias ?

Entre el vasto paisaje de las industrias, el concepto de "metaverso" sigue flotando en el imaginario colectivo, como una tierra prometida cuyos contornos siguen siendo difusos para la mayoría. Dediquemos un momento a examinar el impacto de esta idea en diferentes sectores, comenzando por el de las telecomunicaciones, y reflexionemos sobre su potencial revolucionario.

## Las telcos y el « metaverso »

Echemos primero un vistazo a Asia, donde Corea del Sur se destaca con operadores como SKT Telecom, que han integrado directamente servicios de "*metaversos sociales*" en sus ofertas de suscripción 5G. Empresas como LGU+ y SKT Telecom, a través de la plataforma Oksuzu, se están posicionando como pioneras en esta nueva frontera. Este es solo un ejemplo entre muchos otros de la adopción temprana del concepto de "*metaverso*" en la industria de las telecomunicaciones.

En Estados Unidos, el actor principal Verizon se destaca al invertir en contenido a través de su centro de tecnología llamado RYOT. Están explorando activamente las posibilidades ofrecidas por el "*metaverso*" y buscan dar forma a esta nueva realidad digital. En Europa, se han realizado lanzamientos de plataformas sociales en realidad virtual en los últimos años, incluyendo nuevos servicios que amplían los límites de la experiencia digital.

La implementación de infraestructuras de red a gran escala, como fibra óptica y 5G, es el punto central de esta evolución. Las inversiones masivas en estas tecnologías ahora requieren servicios innovadores para justificar precios de suscripción más altos, especialmente si los operadores de telecomunicaciones continúan innovando y ofreciendo experiencias cada vez más inmersivas para satisfacer las expectativas de los consumidores.

Como se mencionó anteriormente, el crecimiento exponencial del número de jugadores y usuarios en plataformas como "*Fortnite*", donde se ven conciertos virtuales por millones de usuarios (el concierto de Travis Scott en formato de avatar atrajo a 12 millones de personas simultáneamente, algo impensable en cualquier festival de música del mundo), pondrá a prueba las capacidades de los servidores. Es esencial realizar pruebas rigurosas de carga para evitar cualquier mal funcionamiento o ralentización del sistema. Por lo tanto, las infraestructuras de red deben ser lo suficientemente robustas como para soportar esta creciente demanda y ofrecer una experiencia fluida y sin interrupciones.

Además, a medida que los juegos "*play-to-earn*" como Axie Infinity se desarrollan y se expanden en aplicaciones móviles, las redes 4G/5G deben ser capaces de satisfacer la creciente demanda de estos juegos. Su misión es proporcionar una cobertura máxima en las áreas metropolitanas, garantizar conexiones estables y rápidas para que los jugadores puedan disfrutar plenamente de estos juegos y sus oportunidades económicas sin obstáculos de conectividad.

En resumen, los operadores de telecomunicaciones desempeñan un papel crucial en la evolución del "*metaverso*" y las experiencias en línea. Las inversiones en infraestructuras de red de última generación deben continuar, teniendo en cuenta la mejora de la calidad del servicio para satisfacer las crecientes necesidades de los usuarios. El éxito de esta transformación depende en gran medida de su capacidad para proporcionar redes rápidas, confiables y de alto rendimiento que puedan soportar cargas de trabajo cada vez más pesadas y demandas cada vez más exigentes de los usuarios en el siempre creciente universo digital.

Sin embargo, es importante destacar que la propuesta de valor del "*metaverso*" no se limita a un solo campo. Su influencia va mucho más allá de las fronteras de la industria de las telecomunicaciones. Están ocurriendo como una fuerza transformadora que está encima de los sectores económicos tradicionales. Analógicamente, la llegada del metaverso y los NFT puede compararse con una revolución cultural y económica similar al Renacimiento.

Al igual que en aquel periodo se produjo una explosión de creatividad, conocimiento e innovación, el metaverso y los NFT, como hemos visto anteriormente, abren nuevos caminos para la expresión artística, la economía digital y las experiencias inmersivas. Están redefiniendo nuestra relación con la propiedad digital, nuestros usos y cuestionando los modelos económicos establecidos.

Al combinar estos avances con la industria del entretenimiento, podemos imaginar universos virtuales donde las fronteras entre lo real y lo virtual se difuminan, donde artistas, creadores y entusiastas se reúnen para intercambiar, colaborar y construir juntos nuevos mundos.

Los NFT, como tokens digitales únicos que representan la propiedad y el valor de las creaciones artísticas, permiten que los artistas sean recompensados directamente por su trabajo, creen comunidades comprometidas y reinventen los modelos de distribución tradicionales.

Vamos a ver cómo esto puede influir en nuestros usos.

## Nuevos servicios y dispositivos

En el dinámico y cambiante universo que hemos descrito, la aparición de portales de juegos de realidad aumentada abre nuevas perspectivas emocionantes para los editores de contenido. Ejemplos destacados como "*Pokémon GO*" o servicios como OVR, que permiten importar NFT a entornos virtuales seguros, están dando el paso hacia nuevos modelos económicos. Estas evoluciones están reviviendo la llama de los ingresos colosales generados en el pasado por elementos como los tonos de llamada o incluso los SMS, a la hora de hablar del sector de las telecomunicaciones.

Un enfoque clave a considerar es el del "*superagregador*". Este modelo, que ha contribuido al éxito de los servicios de video bajo demanda al permitir la incorporación de servicios de terceros de alto valor agregado (como Netflix, Amazon Prime o canales deportivos), también se puede aplicar al "*metaverso*". Imaginemos un "*metaverso*" creado y poseído por un actor de la industria del turismo. La idea sería crear espacios virtuales dedicados a usos específicos: "*rincones*" (o "*corners*") donde los usuarios puedan importar sus NFT de otras plataformas, convirtiendo fotos de lugares u obras de arte valiosas en elementos inmersivos. Estos espacios podrían luego ofrecer enlaces a actividades lúdicas relacionadas con la construcción, trayendo una experiencia interactiva y entretenida.

Este enfoque tiene varias ventajas. En primer lugar, permitiría a los usuarios aprovechar plenamente el valor de sus NFT al integrarlos en un entorno virtual dinámico. En segundo lugar, al agregar diversos servicios y funciones, ofrecería una experiencia completa y atractiva para los usuarios. Por último, crearía nuevas oportunidades de ingresos para los editores y operadores, basándose en modelos comprobados de participación en los ingresos. ¡Al igual que su predecesor Internet, el "*metaverso*" será abierto o no será!

Imagínese recorriendo un "*metaverso*" creativo, donde cada rincón es un espacio único y especializado que representa una combinación armoniosa de creaciones artísticas, conceptos arquitectónicos y actividades lúdicas. Los usuarios podrían pasear por galerías virtuales, admirar obras maestras digitales e incluso interactuar con artistas en vivo. También podrían participar en juegos y misiones basados en la construcción y la arquitectura, estimulando así su creatividad e imaginación.

Ser un "*superagregador*" representa una prometedora evolución para el "*metaverso*". Permitiría combinar los aspectos sociales, artísticos y lúdicos, ofreciendo una experiencia inmersiva y motivadora para los usuarios. Las oportunidades son infinitas, tanto para los creadores de contenido, los desarrolladores de juegos, los artistas como para los entusiastas de las nuevas experiencias digitales. El "*metaverso*" se está desarrollando ante nuestros ojos y es fascinante ver cómo las diferentes industrias se unen para crear un mundo virtual innovador y encantador.

Y en cuanto a los dispositivos, ¿qué hay de ellos?

Desde 2007, los teléfonos inteligentes han sido los principales impulsores de las aplicaciones. El software ha superado al hardware, sin duda. Pero sin los fabricantes detrás de estas joyas tecnológicas, ninguno de los servicios que todos conocemos hoy en día habría visto la luz (WhatsApp, Google Maps, Spotify, por mencionar algunos). Aunque los teléfonos inteligentes marcaron un "antes" y un "después", se vislumbran nuevos impulsores de crecimiento en el horizonte. La inminente llegada de gafas de realidad mixta (MR) al mercado, como las que Apple ha prometido durante muchos meses, abrirá inevitablemente nuevas perspectivas en términos de aplicaciones, juegos y activos digitales intercambiables.

Pensemos, por ejemplo, en Sorare, donde podríamos intercambiar nuestras tarjetas al verlas en nuestro campo de visión.

## Nuevos modelos

En el sector de las telecomunicaciones, el modelo de subsidio que tradicionalmente prevaleció para los dispositivos móviles, con la reducción de sus precios y la aceptación social creciente debido al uso de materiales más ligeros, puede adaptarse a esta nueva demanda.

Las gafas de realidad mixta, que ofrecen una experiencia inmersiva sin precedentes, podrían convertirse en los próximos dispositivos estrella, abriendo nuevas oportunidades comerciales para los operadores.

Estas gafas de MR prometen transformar la forma en que interactuamos con el mundo digital al fusionar elementos virtuales y reales en nuestro entorno.

Abrirán el camino a aplicaciones innovadoras, ya sea en el ámbito del entretenimiento, la educación, el comercio o la comunicación.

Los activos digitales, como los NFT, también podrían encontrar su lugar en este ecosistema en pleno crecimiento, ofreciendo nuevas posibilidades de creación, colección y comercio.

# Repercusiones sobre los equipos marketing y legales

Más allá de la revolución actual provocada por la inteligencia artificial generativa en ciertos campos, es urgente examinar de manera específica los departamentos que podrían verse impactados por la democratización de los NFT. Como se mencionó anteriormente, la revolución de los NFT en el "*metaverso*" tendrá implicaciones cada vez mayores en todos los sectores de actividad.

Tomemos algunos ejemplos concretos para ilustrar estos cambios. Imaginemos una campaña de comunicación dentro de una gran empresa, diseñada a través de una imagen NFT. Esta forma de pensar permitiría cultivar la rareza e incluso generar ganancias redistribuidas en cada intercambio de esa campaña. Además, garantizaría una notoriedad segura entre un público joven ávido de innovación, al tiempo que mejoraría la imagen de marca de la empresa.

Desde el punto de vista legal, los contratos inteligentes basados en la tecnología de la cadena de bloques, presentes en las adquisiciones de NFT, disfrutarán de una mayor fluidez en cada negociación con los editores, por ejemplo. Esta tecnología acelerará los procesos y optimizará las transacciones, lo que se traducirá en un aumento de los márgenes de beneficio después de cada acuerdo realizado.

Es importante tener en cuenta que estos ejemplos representan solo una pequeña parte de las muchas áreas que se verán afectadas por la democratización de los NFT. Desde finanzas hasta arte, música, agricultura, turismo y más, la tecnología de los NFT está transformando los modelos económicos y ofreciendo nuevas oportunidades a empresas y creadores.

Los departamentos de marketing, legales y muchos otros deberán pensar de nuevo sus estrategias y procesos para aprovechar al máximo esta revolución. La capacidad de los NFT para crear activos digitales únicos, rastreables e intercambiables abre nuevas y emocionantes perspectivas, al tiempo que estimula la innovación y transforma la forma en que interactuamos con el mundo digital.

Las empresas que sean capaces de adaptarse e integrar eficientemente los NFT en sus actividades estarán en posición ventajosa en este nuevo y en constante cambio terreno digital.

**Servicios de almacenamiento de datos más amplios y una ciberseguridad esencial.**

La multiplicación de los activos digitales y el creciente interés de los usuarios por piezas únicas, como las fotografías, requieren soluciones de alojamiento adaptadas. La aparición de fotografías tomadas con teléfonos inteligentes ha abierto oportunidades significativas para el almacenamiento de datos en la nube. Los NFT, construidos sobre la blockchain, incorporan en su esencia la seguridad de los datos, ya que garantizan la propiedad única al comprador. Por lo tanto, este querrá conservarlos en servicios ultra seguros para evitar riesgos de piratería. La ciberseguridad ya representa una fuente de crecimiento para muchas empresas, especialmente frente a las crecientes amenazas de ciberataques dirigidos a datos altamente sensibles.

La proliferación de activos digitales disponibles en los marketplaces subraya la necesidad de infraestructuras robustas disponibles para los clientes. Además, las actuales plataformas NFT, como Rarible y Opensea, imponen limitaciones en cuanto al tamaño de los archivos que se pueden importar, generalmente limitados a solo algunos megabytes. Sin embargo, la llegada de nuevos formatos NFT mucho más grandes y exigentes en términos de datos, como películas y videoclips, requerirá una capacidad de almacenamiento mucho mayor.

En este contexto, los proveedores de servicios de alojamiento deberán satisfacer la creciente demanda ofreciendo infraestructuras sólidas y seguras para alojar estos activos digitales de gran tamaño. Deberán garantizar la protección de los datos de los usuarios y la disponibilidad de los archivos NFT, al tiempo que ofrecen capacidades de almacenamiento escalables para hacer frente al crecimiento continuo de estos nuevos formatos. La seguridad y la privacidad de los datos se convertirán en cuestiones clave, requiriendo medidas avanzadas de protección como el cifrado y la autenticación reforzada.

Las empresas especializadas en almacenamiento de datos y ciberseguridad ya tienen un papel fundamental en este ecosistema en pleno crecimiento. Deberán innovar e invertir en tecnologías de vanguardia para cumplir con los requisitos específicos de los NFT y los activos digitales asociados. La confianza de los usuarios en la seguridad de sus activos digitales será un factor determinante para su adopción a gran escala.

Los proveedores de servicios deberán posicionarse como socios de confianza, ofreciendo infraestructuras escalables y medidas de protección avanzadas para satisfacer las necesidades de los usuarios.

La capacidad para asegurar y almacenar de manera efectiva estos activos digitales será un elemento clave de diferenciación en el mundo comunitario del Web3.

# Pertenecer a una comunidad

Nada es más crucial para una empresa, independientemente de su sector de actividad, que conocer, valorar y recompensar a sus clientes, suscriptores o usuarios. Los NFT ofrecen esta posibilidad. Empezamos con el ejemplo del sector bancario. En esta línea de innovación, los bancos podrían implementar programas de fidelización basados en la retribución de activos digitales, especialmente para sus clientes premium. Estos, al igual que muchos otros, siempre buscan reducir la migración hacia ofertas de la competencia o tasas de interés más bajas, comúnmente conocido como "*churn*". La creación de un NFT específico para un banco y su comunidad podría hacer que un cliente piense dos veces antes de cambiar de oferta, especialmente si ese activo le asegura un ingreso adicional o aumenta su valor con el tiempo.

Además, uno de los factores clave de éxito de los NFT (y las criptomonedas en general) radica en su capacidad para reunir a los participantes en torno a un proyecto común, intercambiar ideas y dar su opinión. El modelo de Chiliz del que hablé anteriormente, que se basa en tokens de participación, es particularmente interesante en este sentido. Imagina que los clientes de una empresa del CAC 40 reciben tokens que les permiten influir en las importantes decisiones futuras del grupo: las estrategias, los servicios, las inversiones, etc. Esto es lo que propone una Organización Autónoma Descentralizada (DAO), y es multi-sectorial.

Este enfoque ofrece una oportunidad única para involucrar a los clientes en el proceso de toma de decisiones y refuerza su sentido de pertenencia e importancia dentro de la empresa. Los NFT pueden actuar como símbolos de reconocimiento y participación, incentivando a los clientes a comprometerse más y a permanecer fieles a la marca. Además, estas iniciativas crean una dinámica comunitaria en la que los clientes se sienten escuchados y valorados, lo que contribuye a fortalecer su relación con la empresa.

En este entorno económico e innovador, cada vez más competitivo, las empresas deben encontrar formas *"fuera de lo común"* de fidelizar a su clientela. Los NFT ofrecen una solución prometedora al combinar el valor digital con la creación de comunidades comprometidas. Las empresas que adoptan este pensamiento pueden beneficiarse de un mejor conocimiento de sus clientes, una mayor lealtad y una diferenciación competitiva incrementada.

Estoy convencido de que los NFT abren así nuevas y emocionantes perspectivas para las empresas de todos los sectores, permitiéndoles aprovechar la tecnología blockchain para fortalecer su relación con sus clientes y estimular su crecimiento.

# Capítulo 7: Los desafíos futuros de los NFT con la protección del medio ambiente, la inclusión digital, los impuestos...

El regreso del sentimiento de "poseer" una obra, gracias a los NFT, es comparable a la emergencia de un tesoro abandonado que vuelve a la superficie después de muchos años. Los coleccionistas de antaño (y aún en la actualidad) acostumbrados a sostener en sus manos DVDs, CDs, redescubren una satisfacción que parecía perdida en el mundo virtual. Sin embargo, este entusiasmo no debe cegarnos ante los desafíos inherentes a esta nueva realidad.

En primer lugar, surge con agudeza la cuestión del consumo de contenido. Los NFT ofrecen nuevas posibilidades de acceso a obras, pero ¿cómo garantizar que la creación artística no se pierda en un océano de copias y reproducciones sin valor? ¿Cómo evitar que los verdaderos talentos sean relegados al segundo plano, abrumados por la marea creciente de objetivos comerciales a corto plazo?

Nuestra relación con nuestra identidad también está en juego. Mientras que los NFT permiten representar y monetizar aspectos únicos de nosotros mismos, es crucial cuestionar los riesgos potenciales de la explotación y manipulación de nuestros datos personales, así como el respeto al medio ambiente. ¿Estamos dispuestos a navegar en este mar agitado, sabiendo que nuestra identidad y nuestro planeta pueden fragmentarse y exponerse con fines comerciales?

Sin olvidar el acceso a eventos e incluso nuestra forma de vestir, que se ven afectados por esta ola de disrupción digital. Los NFT ofrecen oportunidades emocionantes, pero también pueden profundizar la brecha entre aquellos que pueden permitirse participar en esta nueva economía y aquellos que quedan excluidos por barreras financieras.

Recordemos que el 9% de los poseedores de NFT poseen el 90% del valor total de mercado de estos activos digitales. Aún es un mundo para insiders.

En esta emocionante aventura, debemos mantenernos vigilantes y exigir salvaguardias sólidas. Si no nos tomamos el tiempo para plantear las preguntas correctas y establecer reglas claras, corremos el riesgo de ser arrastrados por la tormenta de los NFT, perdiendo de vista los valores fundamentales del arte, la creatividad, el derecho, la ecología y la diversidad cultural. Ahora veamos todos estos temas que pueden permitirnos navegar con precaución hacia un futuro digital equilibrado y equitativo:

**El respeto al medio ambiente: explicación de "proof of stake" frente a "proof of work".**

Este tema es central, debe abordarse en primer lugar. Vemos que se introduce en los debates sobre las contribuciones de los automóviles eléctricos frente a los automóviles tradicionales (considerando que la huella de carbono de los motores eléctricos es mucho mayor de lo que se cree).

Los NFT son energéticamente intensivos. No se puede negar. Al menos lo son si no nos tomamos la molestia de analizar las alternativas a sus métodos de creación.

Como hemos visto anteriormente, muchos de ellos se basan en la blockchain Ethereum. Esta última se basa en un sistema de "*proof of work*" (prueba de trabajo), que garantiza la seguridad de las transacciones. Surgió en 1993 para combatir el spam de los correos electrónicos y es la tecnología que ha acompañado el crecimiento del Bitcoin.

A través de este protocolo, cada intercambio debe ser verificado por otros usuarios de la red, llamados mineros, cuyos servidores resuelven fórmulas muy complejas para llevar a cabo esta autenticación. Es esta actividad de minería la que consume mucha energía. Por supuesto, este problema no es específico de los NFT, ya que cualquier actividad basada en una blockchain que utiliza *"proof of work"* se ve afectada.

La Universidad de Cambridge estima que la creación y el gasto de bitcoins en un año consumen más electricidad que Finlandia. Esto representa aproximadamente el 0,45% del gasto mundial anual en electricidad.

Sin embargo, es muy difícil calcular la huella de carbono de las actividades basadas en la blockchain o los NFT debido a la opacidad de la actividad de los mineros. Por lo general, se desconoce su consumo eléctrico exacto y el tipo de recursos (renovables o no) que utilizan.

Pero la ecología sigue siendo un punto de tensión importante y una fuente infinita de conflictos entre los partidarios y los opositores de los NFT. Por lo tanto, algunos actores del sector están tratando de abordar el problema.

Varias blockchains (Flow, Tezos) prefieren el método de *"proof of stake"* para autenticar sus intercambios, que consume mucha menos energía. El principio de *"proof of stake"* o PoS se basa en la descentralización, tan apreciada por los pioneros de las criptomonedas.

Para intentar simplificar, PoW implica "*minar*" Bitcoin con lo que se llaman "*pools*", en granjas que reúnen todos los servidores para descifrar los códigos de Bitcoin y así ser recompensados. Esta configuración no existe con PoS, ya que las "*granjas*" con servidores de minería desaparecen.

Con "*proof of stake*", tenemos una verdadera alternativa ecológica para los NFT. La validación de las transacciones en la blockchain se basa en las cantidades que poseen los mineros (o "*staking*"), lo que limita el consumo de energía y, sobre todo, los recursos necesarios para la producción de criptomonedas o NFT, como los servidores físicos que emiten una gran cantidad de CO2. Por otro lado, "*proof of work*" permite a cualquiera minar sus criptomonedas o NFT, con emisiones colosales de CO2 desde las granjas.

*"Proof of Work" servidores contaminantes centralizados VS "Proof of Stake": desaparición de las granjas de minería y "staking"*

Muchos proyectos de NFT ya funcionan con PoS, como Ternoa mencionado anteriormente. La Fundación Ethereum también ha anunciado que planea cambiar a este sistema. Este proceso podría llevar tiempo. Los riesgos son significativos, incluso para los propietarios de NFT: si el procedimiento sale mal, algunos tokens podrían perderse o volverse inaccesibles en la blockchain.

Ahora me gustaría aclarar algunas verdades detrás de los lados oscuros de la "*minería*" de Bitcoin. Alejándonos de las narrativas alarmistas y las acusaciones infundadas, se vislumbra una perspectiva iluminada que nos invita a reevaluar nuestro juicio sobre el impacto ecológico de esta tecnología. En primer lugar, hablemos del desafortunado término que genera tanta controversia: "*minería*". Puede parecer engañoso, pero es esencial comprender que la minería de Bitcoin en realidad consume siete veces menos energía que la producción de aluminio y tres veces y media menos que la extracción de oro. Estas cifras sorprendentes revelan una realidad a menudo pasada por alto, una realidad que no se ajusta a las expectativas forjadas por un discurso mediático bastante parcial.

Hablando de los medios de comunicación, también es importante dar un paso atrás y examinar las fuentes en las que se basan las afirmaciones de desastre ecológico. Durante los últimos cinco años, solo se ha utilizado una fuente, *Digiconomist*, para respaldar el consenso mediático sobre este tema. Sin embargo, es importante tener en cuenta que este medio, aunque impulsado por una cierta pasión, no necesariamente cuenta con una sólida experiencia técnica o científica. Por lo tanto, es primordial cuestionar esta información y no aceptarla sin más. Como con todos los temas técnicos, científicos, culturales (y todos los temas en general), debemos confrontar los argumentos con investigadores y especialistas antes de establecer formas de consenso.

Otro prejuicio es la idea de que cualquiera puede convertirse en minero, que a menudo se utiliza para exagerar la huella de carbono de Bitcoin. Las estimaciones pesimistas que comparan el consumo anual de $CO_2$ de Bitcoin con el de ciertos países están ampliamente exageradas, ya que omiten muchos parámetros esenciales como el precio local de la electricidad, el costo de las máquinas y la volatilidad del precio de BTC. En realidad, estas afirmaciones son fundamentalmente falsas.

Según estimaciones serias de universidades, el consumo eléctrico de Bitcoin representa actualmente entre el 0,15% y el 0,35% del consumo eléctrico mundial, como máximo, menos de un tercio de un punto porcentual. Estas cifras están muy lejos de las cifras sensacionalistas difundidas por algunos medios de comunicación populares.

Para poner las cosas en perspectiva, es interesante notar que la electricidad desperdiciada en Estados Unidos por dispositivos en espera, como televisores, sería suficiente para alimentar cuatro redes de Bitcoin.Además, la minería de oro, pasada por alto en el debate, es una verdadera catástrofe ecológica, con un consumo energético considerable, contaminación del aire, el agua y el suelo, y consecuencias desastrosas como el mercurio, el plomo, los ácidos, la deforestación y volúmenes enormes de desechos. Sin mencionar las enfermedades crónicas que sufren los mineros expuestos a vapores tóxicos.

**La cuestión central que merece nuestra atención** es la producción y el origen de la electricidad necesaria para Bitcoin. Es interesante destacar que el 75 % de la energía utilizada por BTC proviene de fuentes renovables. Especialmente en China, donde las presas hidroeléctricas se utilizan como reservas de agua durante la temporada de lluvias para alimentar las "*granjas*" de minería con electricidad.

Nos podemos arriesgar en afirmar, entonces, que la minería de Bitcoin es una industria más respetuosa con el medio ambiente que la mayoría de las otras industrias a gran escala en el mundo. Por lo tanto, en mi opinión, es esencial combatir los prejuicios y cuestionar las ideas preconcebidas para permitir que la blockchain se revele en todo su esplendor como una fuerza impulsora de un futuro sostenible e innovador.

Es un camino difícil en la mayoría de las empresas hoy en día.

**La necesidad de crear un ecosistema abierto, inclusivo y respetuoso de los datos personales.**

Ya hemos hablado extensamente sobre esto, el éxito de los NFT y los metaversos dependerá de la interoperabilidad. Para todas las empresas, los espacios virtuales que se pongan a disposición de los usuarios deben brindar una sensación de seguridad y tranquilidad.

Esto puede lograrse a través de espacios cerrados donde cada usuario sea conocido por los demás, o al menos identificado claramente: por ejemplo, un cliente del banco X solo podrá interactuar con otro suscriptor del banco X en el ecosistema de ese mismo banco X.

Un concepto ampliamente discutido en el mundo de la cadena de bloques, e incluso en Internet en general, es el de la Identidad Soberana del Usuario (SSID, por sus siglas en inglés). Aquí, la idea es combinar Facebook con los grandes principios de descentralización.

Hoy en día todos tenemos docenas de identificadores y contraseñas en diferentes universos o servicios. Con el SSID, el usuario tendría un único y mismo ID, una especie de *"llave maestra"* que nos acompañaría en todos nuestros universos.

Imaginen un futuro de internet en el que cada tweet, publicación, imagen o artículo esté firmado criptográficamente para verificar la identidad del autor. Esto es precisamente lo que esencialmente representa un NFT, que demuestra la singularidad y la identidad de quien lo posee.

Con el SSID, la lucha contra el acoso en las redes sociales o el racismo, impulsado por el anonimato, podría mejorar considerablemente.

A pesar de esto, esta visión tiene dos caras, ya que los defensores de la "*neutralidad de la web*" podrían verlo como una crítica, especialmente en términos de censura forzada. Pero tratemos de responder a esta pregunta: ¿no es hora de asumir la responsabilidad de nuestros comportamientos y, sobre todo, de nuestros comentarios en Internet?

La respuesta es obviamente sí. El SSID no implica un seguimiento compulsivo del usuario, sino más bien un compromiso para responsabilizarlo por lo que compra, comenta y debe asumir. La cadena de bloques va mucho más allá de la concepción a veces desenfrenada de Internet en sus inicios.

En este universo de SSID, un usuario no debería confiar en otro usuario que no haya sido previamente validado por la cadena de bloques. En cuanto a los activos digitales, esto significaría la desaparición de todas las fotos falsas u otras "*fake news*". Todo ello descentralizado y, por supuesto, a elección de los usuarios si quieren participar o no.

Además, el SSID permite otros casos de uso, como la personalización extrema del comercio. Dado que el usuario tiene el control de sus datos y de dónde desea que se procesen, un sitio web o un "metaverso" podría ofrecer exactamente lo que se busca en términos de experiencia, activos digitales, juegos o incluso ropa.

La seguridad de las aplicaciones de mensajería también está garantizada con el SSID, ya que no hay dependencia de una entidad centralizada (como Facebook con WhatsApp), sino de un estándar abierto de comunicación basado en la confianza entre todos los usuarios. Por último, siempre con el objetivo de asumir responsabilidades, el apoyo a partidos políticos, ONG e incluso el tan esperado voto electrónico sería posible con el SSID.

Este "*gemelo digital*" nos permitiría movernos en entornos de confianza, donde sabemos perfectamente con quién nos encontramos y por qué, con qué datos deseamos proporcionar información, incluso con un avatar.

**La seguridad de los pagos.**

Esto va de la mano con el tema del SSID mencionado anteriormente.

Como un viento de cambio similar al que trajeron las tarjetas de crédito al mundo del comercio, los pagos realizados a través de la cadena de bloques y los NFT abren el camino a una nueva era de confianza y fiabilidad en los servicios que compramos. Imagina la facilidad de adquirir productos de la agricultura ecológica con la certeza de su procedencia, apoyar a un artista o artesano local sabiendo que tu contribución es directa y transparente, encontrar y remunerar a una niñera de confianza o incluso a un conductor para acompañar a tus hijos a la escuela, ya que han sido identificados por una comunidad en total seguridad y consenso.

Gracias a este sistema de identificación único a través de los pagos, llevamos nuestra reputación con nosotros. Ya no se trata solo de "*confiar en el proceso de pago*", es decir, asegurarse de que X pague Y dólares, sino de confiar en la persona misma, ya sea el fontanero o la niñera. Cada transacción se convierte en una oportunidad para fortalecer nuestra red de confianza y construir relaciones sólidas basadas en pruebas de identidad verificables.

Imagina la tranquilidad que acompaña a cada transacción cuando sabemos que la persona con la que interactuamos tiene una identidad única y verificada. Las estafas y los fraudes se vuelven casi imposibles, ya que cada actor en la economía de la cadena de bloques es responsable de sus acciones. Esto da lugar a una nueva norma de confianza, donde la autenticidad de los servicios y productos se convierte en la norma en lugar de la excepción.

Las posibilidades son infinitas. No solo podemos apoyar a empresas e individuos que comparten nuestros valores, sino también fomentar una economía más local y responsable. Los pequeños agricultores ecológicos pueden encontrar un mercado más amplio y ser recompensados por su arduo trabajo, los artistas locales pueden recibir una remuneración justa por su talento, y los padres pueden tener la seguridad de encontrar servicios de cuidado confiables y seguros para sus hijos.

En resumen, los pagos basados en la cadena de bloques y los NFT abren el camino a una economía donde la confianza está intrínsecamente ligada a la identidad de cada participante. Ya no se trata simplemente de realizar transacciones financieras, sino de construir relaciones de confianza mutua. Al abrazar este sistema innovador, podríamos abrir la puerta a un futuro donde la economía esté verdaderamente conectada, sea sostenible y esté centrada en los valores humanos.

**La implementación de un marco jurídico y fiscal claro.**

En el complejo mundo de los activos digitales, los NFT no son una excepción en términos de marcos legales y fiscales.

Las cuestiones relacionadas con su tributación están sujetas a cambios constantes, y las autoridades regulatorias, como la Comisión de Valores y Bolsa (SEC) en Estados Unidos, están llevando a cabo investigaciones exhaustivas para determinar el tratamiento fiscal adecuado para las criptomonedas y, por extensión, los NFT.

Recientemente, los bancos tradicionales estadounidenses han reaccionado a esta nueva realidad estableciendo una hoja de ruta que cumple con las recomendaciones de la SEC. Estas instituciones financieras no dudan en invertir en criptomonedas y NFT, reconociendo así su potencial (podemos mencionar en particular al banco JP Morgan, que incluso tiene una entidad dedicada exclusivamente a proyectos de blockchain llamada "*Onyx*").

Las normas y regulaciones emergentes abordan varios aspectos clave.

En primer lugar, es esencial abordar la cuestión de la custodia de los activos digitales. Los bancos están explorando formas de asegurar estos activos de manera eficiente y confiable, garantizando al mismo tiempo su integridad y accesibilidad para los clientes.

En segundo lugar, las transacciones que involucran a los clientes deben manejarse con cuidado. Los bancos buscan establecer protocolos de seguridad sólidos para proteger a los usuarios en los intercambios de NFT y las transacciones relacionadas con criptomonedas.

En tercer lugar, está el uso de NFT como garantía para préstamos bancarios. Los bancos están investigando cómo evaluar y utilizar estos activos digitales para asegurar préstamos, teniendo en cuenta su valor fluctuante y su naturaleza única.

Finalmente, los bancos están considerando consolidar estos activos digitales en sus balances, tratando los NFT como activos más tradicionales. Este enfoque refleja el reconocimiento creciente del valor económico de los NFT y su integración en los sistemas financieros existentes.

Es importante destacar que estos desarrollos están en curso y que las regulaciones específicas probablemente variarán de un país a otro. Los gobiernos y las autoridades reguladoras buscan encontrar un equilibrio entre la innovación tecnológica y la necesidad de proteger a los inversores y consumidores.

En resumen, la evolución de la regulación fiscal en torno a los NFT es un campo complejo y en constante cambio. Los bancos tradicionales estadounidenses reconocen la creciente importancia de estos activos digitales y se adaptan en consecuencia para ofrecer servicios seguros y cumplir con las regulaciones. A medida que avanzamos hacia una economía cada vez más digital, es esencial seguir de cerca los desarrollos regulatorios para garantizar un uso responsable y transparente de los NFT.

Cada vez más, están surgiendo organizaciones que ofrecen servicios de "*desfinanciarización*" comúnmente conocidos como "*DeFi*". Algunas empresas ofrecen la posibilidad de "*stakear*" o retener NFT adquiridos en plataformas como Binance o Coinbase, a cambio de intereses anuales que pueden llegar hasta el 50%. El DeFi Staking representa una oportunidad de inversión en crecimiento.

Sin embargo, una vez más, la regulación en torno a las criptomonedas aún no está claramente definida. Actualmente, el porcentaje de impuestos a pagar sobre las ganancias de capital depende de un cierto umbral de ganancias, excluyendo así a los pequeños tenedores (al menos por el momento). Con la creciente popularidad de las criptomonedas y los NFT, las reglas fiscales inevitablemente evolucionarán en los próximos años. En este sentido, la Unión Europea ha desarrollado el proyecto de regulación Mica (Markets in Crypto-Assets) para regular las criptomonedas y los activos digitales.

A menudo criticado por la comunidad blockchain, el proyecto Mica tiene el mérito de establecer un marco regulatorio claro y armonizado para los proveedores de servicios relacionados con criptomonedas, como las plataformas de intercambio y los proveedores de servicios de cartera digital. El objetivo principal es fortalecer la protección de los consumidores y los inversores, al tiempo que fomenta la innovación en el campo de los activos digitales.

La regulación Mica propone requisitos específicos para los actores del mercado de criptomonedas, especialmente en lo que respecta al registro, la supervisión de riesgos, la gestión de conflictos de intereses y la transparencia de la información. Estas medidas tienen como objetivo garantizar la integridad y seguridad de las transacciones, así como prevenir el lavado de dinero y el financiamiento del terrorismo.

Además, el proyecto Mica prevé la creación de un régimen de pasaporte para los proveedores de servicios de criptomonedas, lo que facilitaría su expansión dentro de la Unión Europea al permitirles ofrecer sus servicios en varios países sin tener que cumplir con regulaciones diferentes en cada Estado miembro.

La regulación Mica marca un hito importante en el reconocimiento de las criptomonedas como una realidad económica fundamental. Ofrece un marco regulatorio sólido que fomenta la confianza y la adopción de activos digitales, al tiempo que garantiza que los riesgos estén bajo control y los intereses de los usuarios estén protegidos. A medida que esta regulación avance, será esencial que los actores de la industria de las criptomonedas se familiaricen con estos nuevos requisitos y se adapten a este marco regulatorio en constante evolución. El objetivo final es fomentar un ecosistema saludable, sostenible y seguro para las criptomonedas, abriendo así el camino a un futuro digital prometedor y equilibrado.

Desde el punto de vista legal, la llegada de contratos inteligentes también es un campo en pleno desarrollo. Los profesionales del derecho, como abogados y juristas en general, deberán adaptarse a esta nueva realidad en la que los derechos se redistribuirán automáticamente a los autores al momento de la compra de sus creaciones.

Muchos bufetes de abogados ya se han comprometido en este proceso de adaptación, asegurándose de que sus clientes cumplan con los requisitos regulatorios relacionados con sus activos digitales y, en general, con sus estrategias blockchain.

A pesar del temor legítimo a la "*desintermediación*" que podría afectar a notarios y abogados, por ejemplo, es esencial reconocer que la industria de las criptomonedas y los NFT aún es relativamente joven y que los aspectos regulatorios y legales continuarán evolucionando. Los gobiernos y los organismos reguladores están abordando estos asuntos complejos para establecer un marco adecuado que garantice tanto la protección de los inversores como la promoción de la innovación.

En este entorno en constante cambio, se recomienda a los actores del ecosistema mantenerse informados y colaborar con profesionales legales especializados en tecnologías emergentes. Al adaptar sus estrategias a las nuevas regulaciones y mantenerse al tanto de los desarrollos clave, los inversores y los creadores pueden aprovechar al máximo esta revolución digital al tiempo que mantienen una sólida conformidad legal.

Como hemos mencionado en repetidas ocasiones en este libro, el futuro de la regulación de las criptomonedas y los NFT es prometedor, pero es crucial navegar con precaución y estar atentos a las evoluciones que darán forma al panorama legal y fiscal de este campo en crecimiento.

# Conclusiones

Espero que este libro haya ayudado a resolver algunas de las confusiones relacionadas con los NFT. Manteniendo una mirada crítica, especialmente en este contexto difícil donde muchos proyectos relacionados con las criptomonedas han fracasado.

El objetivo principal de este libro ha sido responder a la simple pregunta: *"¿Para qué los NFT? ¿Para qué usar esta tecnología cuando una simple base de datos puede hacerlo?"*. Creo que he respondido en mi libro con ejemplos concretos de cómo los activos digitales *"tokenizados"* en la cadena de bloques aportan un valor real y por qué es beneficioso utilizarlos en lugar de bases de datos tradicionales.

Seamos claros: los contratos inteligentes, la seguridad, la transparencia, la automatización, la propiedad exclusiva, las utilidades, la desintermediación (para lo bueno y lo malo), el *"play to earn"*, el *"move to earn"*, el *"WHATEVER to earn"*. Si no puedes explicar los NFT, recuerda estos valores agregados antes de profundizar.

Pensemos en Internet, esta vasta red tejida a lo largo de dos décadas, que surgió a fines del último milenio y conectó al mundo en una red de información y posibilidades infinitas. Ahora, imaginemos la cadena de bloques, esta tecnología revolucionaria, como el sol que se eleva en el horizonte de la innovación. A medida que pasa el tiempo, el sol alcanza su cenit y vuelve a declinar, ¿qué nos prepara la cadena de bloques en otras dos décadas?

Los artistas musicales, una vez sacudidos por la tormenta del MP3 a principios de los años 2000, podrían encontrar su brillante estrella en el cielo creativo (y lucrativo) gracias a los NFT. Como un guía en la noche, creo haber demostrado que los NFT permiten a los creadores de música reconectarse con su audiencia y capturar el valor auténtico de su arte. Estos tokens digitales únicos e inmutables podrían convertirse en el combustible que impulsa una nueva economía musical, donde la rareza y la singularidad reinan supremas.

En el ámbito de los videojuegos, las aplicaciones de "*play-to-earn*" podrían convertirse en el nuevo estándar. Al igual que los "*easter eggs*" ocultos en el Oasis virtual de "*Ready Player One*", estas aplicaciones ofrecen a los jugadores la oportunidad de ganar recompensas reales actuando en aventuras digitales. Las fronteras entre lo real y lo virtual se desvanecen gradualmente, creando un nuevo ecosistema donde el entretenimiento se combina con las oportunidades financieras.

En cuanto a los activos digitales, podrían experimentar una transformación que los eleve más allá de las fluctuaciones frenéticas de los criptopunks. Como una marea de baja intensidad, se podría contemplar una "normalización" de su valor en el horizonte. La cadena de bloques, con su transparencia y confiabilidad inamovibles, podría aportar la estabilidad tan esperada a este mundo turbulento de las finanzas descentralizadas. Los activos digitales encontrarían su lugar verdadero en la economía global, ofreciendo nuevas oportunidades y sentando bases sólidas para la innovación futura.

Pero guardemos en la mente que la cadena de bloques es un fenómeno en constante evolución. Nos reserva sorpresas diarias, a veces desagradables. Recordemos la terrible caída en la valoración de los proyectos de NFT, muchos de los cuales perdieron todo su valor que habían obtenido inicialmente de manera a veces irracional. Las implicaciones de los NFT son amplias y múltiples, requiriendo una actualización regular de nuestros conocimientos. Nos tenemos que mantener curiosos y abiertos de mente, listos para abrazar los cambios que se avecinan. Porque en este mundo en constante metamorfosis, cada paso que damos en el camino de la cadena de bloques nos acerca a un futuro prometedor, donde las posibilidades son tan infinitas como nuestra sed de conocimiento humano.

Imaginemos un paisaje donde las plataformas de intercambio, como Binance o Coinbase, se han transformado con el tiempo en interfaces intuitivas, mucho más accesibles que cuando fueron creadas en 2017. Añadamos a eso la desconcertante facilidad para crear una cuenta en plataformas como Sorare o Chiliz, y poseer tokens (Sorare acaba de anunciar para el verano de 2023 la posibilidad de comprar cartas directamente con una billetera tradicional no criptográfica, es decir, en euros, lo que según sus creadores debería democratizar el juego). Es como si estas plataformas se hubieran convertido en puertas de entrada a un universo financiero digital, donde la navegación es fluida y la participación está al alcance de la mano.

Sin embargo, en este mundo de los NFT, al igual que en el de las criptomonedas, los activos están sujetos a riesgos y a una gran volatilidad. Los peligros de la especulación y el espectro de las estafas están presentes. Para aventurarse en este mercado, insisto firmemente en este aspecto, queridos lectores: es crucial llevar a cabo investigaciones precisas y serias para no caer en proyectos engañosos. Yo mismo sigo cometiendo errores y aprendiendo a través de pagos y sudor. La idea es tomar un poco más de iniciativa mañana, cometiendo un poco menos de errores que ayer.

Como habrán comprendido, los NFT, estas fotos, imágenes o archivos únicos que prueban la propiedad del comprador, están en constante evolución. Se desarrollarán en proporciones asombrosas, adaptándose a la industria cinematográfica al ofrecer cine digital e introducir una era posterior a la transmisión en continuo. Los NFT no se limitan solo a obras digitales, sino que también se convierten en inversiones en terrenos virtuales, como demuestran proyectos como Decentraland y The Sandbox. Por lo tanto, estos activos digitales, además de ampliar sus horizontes, se convierten en oportunidades de exploración y desarrollo.

Sin embargo, los NFT no deben perder de vista las problemáticas cruciales relacionadas con el cambio climático, la inclusión digital y el respeto a los datos personales. Los creadores de proyectos deben tener en cuenta estas cuestiones y colocarlas en el centro de sus preocupaciones. No tengo una duda real sobre este tema, ya que la comunidad blockchain en su conjunto, como guardianes vigilantes, ya se asegura de que el éxito de los NFT se produzca en el respeto al medio ambiente, la diversidad y la privacidad de los usuarios.

Los NFT también son una pieza clave de los "*metaversos*". Estos últimos han sido dejados de lado recientemente, pero deberían volver a estar de moda después del lanzamiento de las gafas de realidad mixta de Apple. Sin embargo, el éxito de estos universos virtuales dependerá en gran medida de su relevancia y de su capacidad para satisfacer las necesidades de los usuarios. Para ello, la interoperabilidad, como un puente que conecta diferentes mundos, será un factor clave para el éxito. Los NFT deberán fusionarse en armonía con el ecosistema del metaverso, permitiendo a los usuarios navegar libremente y disfrutar plenamente de esta nueva realidad virtual.

Desde el punto de vista de las empresas y las industrias en general, los NFT representan no solo una oportunidad de crecimiento y de inversión con un gran potencial, sino también un medio para fortalecer su imagen de marca. Como una señal fuerte emitida en el espacio digital, los NFT pueden servir como un impulsor estratégico para muchos sectores, permitiéndoles posicionarse como actores clave en esta revolución digital.

En este paisaje en constante evolución de los NFT, cada ejemplo es una parcela de tierra fértil, donde la tecnología y la creatividad se encuentran para dar forma al futuro. Hay que leer, informarse sobre todo el tema cada día, ser prudentes y comprometidos en construir un mundo digital sostenible, donde la innovación y la responsabilidad se unan para abrir nuevos caminos y revelar horizontes insospechados.

En cuanto a mí, me considero un "optimista realista". Es posible que me equivoque y que los críticos de Internet de ayer tengan razón esta vez sobre la vacuidad de los NFT. Pero, al final, ¿se trata de tener razón o estar equivocado? ¿No merecía la tecnología del correo electrónico, el email, un libro o varios libros dedicados solo a ella? Además de todos los que ya están disponibles en la infinita web... Soy de los que intentan entender estas innovaciones antes de formar un juicio definitivo (que rara vez tengo sobre cualquier tema). Si desea obtener más información sobre los NFT, estaré encantado de responder después de haber leído su mensaje en mi dirección de correo electrónico: guibrunet@hotmail.fr.

Me honraría ser cuestionado, contradicho e incluso debatir. También estaré en condiciones de poder detallar todo el trasfondo de mi pensamiento, adquirido durante mis estudios a lo largo de los años. Encontrará al final de estas conclusiones las fuentes que me permitieron escribir este libro. Gracias a todos los autores, especialistas en blockchain, colegas de trabajo, seres queridos que me han inspirado para escribir este libro.

"La innovación radica en la convicción de ver lo que otros no ven, en creer en lo que otros consideran imposible y en perseverar cuando todo parece incierto". - William Arthur Ward

# Fuentes

- **Conceptos generales y definiciones :**
  https://www.dpreview.com/articles/8170416871/NFT-what-they-are-and-how-they-will-impact-photography
  https://www.lacryptomonnaie.net/allemand/nft-a-egalement-battu-tous-les-records-au-troisieme-trimestre/
  https://www.ted.com/talks/kayvon_tehranian_how_NFT_are_building_the_internet_of_the_future
  https://www.forbes.com/sites/migombank/2021/10/04/a-new-chapter-in-the-history-of-gold-physicalizing-crypto/
  https://www-liberation-fr.cdn.ampproject.org/c/s/www.liberation.fr/economie/nft-lor-doeuvres-numeriques
  https://www.forbes.com/sites/seansteinsmith/2021/08/31/non-fungible-tokens-are-back-in-the-headlines--here-is-what-to-know
  https://www.coindesk.com/policy/2020/10/01/self-sovereign-identity-explained/
  https://www.coindesk.com/markets/2021/03/07/how-NFT-became-art-and-everything-became-an-nft/

- **Sobre los activos digital o « cryptoassets »**
  https://news.artnet.com/market/visa-purchased-first-cryptopunk-kickstarting-record-run-sales-popular-series-NFT-2002289
  https://www.futura-sciences.com/tech/questions-reponses/nft-nft-cryptopunks-sont-ils-vraiment-NFT-16092/

- **Sobre la industria del cine:**
  https://www.themetaculture.co/the-rise-of-virtual-hollywood/
  https://www.bfi.org.uk/sight-and-sound/features/NFT-non-fungible-tokens-blockchain-film-funding-revolution-hype
  https://www.fastcompany.com/90645972/nft-mania-hits-hollywood-found-money-beeple-aku-star-wars
  https://nofilmschool.com/hollywood-nft-blockchain-uses
  https://www.forbes.com/sites/lawrencewintermeyer/2021/06/01/are-movies-and-streaming-the-next-frontier-for-NFT

- **Sobre la industria de la música :**
  https://www.lefigaro.fr/musique/avec-la-sortie-prochaine-de-son-titre-tn-booba-s-attaque-au-marche-des-nft-20210928
  https://cryptoast.fr/snoop-dog-revele-nft-cozomo-de-medici/

- **Sobre el « play to earn » :**
  https://journalducoin.com/actualites/polygon-matic-ethereum-pont-aavegotchi
  https://www.jeuxvideo.fr/dossier/388581-axie-infinity-les-pokemon-en-nft-qui-peuvent-rapporter-gros
  https://cryptoast.fr/createur-nft-evolved-apes-enfui-arnaque/
  https://www.coindesk.com/business/2021/09/14/play-to-earn-is-already-the-biggest-star-in-the-metaverse/

- **Sobre los metaversos:**
https://cryptoast.fr/interoperabilite-NFT-mondes-virtuels-ovr/
https://www.cryptonewsz.com/elrond-partners-with-bloktopia-to-enter-vr-metaverse/
https://journalducoin.com/actualites/polygon-matic-ethereum-pont-aavegotchi/
https://www.coindesk.com/markets/2020/06/25/the-people-of-decentraland-will-greet-you-now/

- **Sobre el deporte :**
https://www.coindesk.com/daryl-morey-76ers-crypto-NFT/
https://techstory.in/chiliz-everything-you-need-to-know/

- **Fuentes adicionales :**
https://youngplatform.com/fr/blog/news/mica-crypto-reglementation-europeenne/
https://usbeketrica.com/fr/quel-est-l-impact-ecologique-reel-de-bitcoin
https://www.numerama.com/tech/1395898-deux-ans-apres-lemballement-que-reste-t-il-des-nft.html

# Glosario

**Airdrop:** una distribución gratuita de NFT o criptomonedas. Los airdrops están destinados a comunidades específicas, como aquellos que ya poseen un token o un NFT de una colección determinada.

**Activo/Asset:** Tokens, NFT y otros activos digitales cuyo valor está vinculado a activos reales.

**Blockchain:** La blockchain es una tecnología de almacenamiento de datos en bloques que es conocida por su seguridad y transparencia. Para tener una idea simple, es como si cada transacción se registrara en un gran libro donde todos pueden ver la información, pero solo aquellos que conocen el "*Hash*" pueden encontrar los detalles exactos de la transacción.

**Collectibles:** Los "*collectibles*" para los NFT son como objetos digitales de colección únicos que a las personas les gusta coleccionar en línea. Los NFT permiten demostrar la propiedad exclusiva de estos objetos digitales especiales.

**DAO (Decentralized Autonomous Organization):** una DAO es como una organización en línea donde las decisiones importantes se toman colectivamente por los miembros en lugar de una sola persona o empresa. Es como si un grupo de personas se reuniera para votar sobre qué hacer y cómo hacerlo, pero todo esto ocurre en una red segura. Las DAO se utilizan a menudo en el mundo de las criptomonedas para administrar proyectos, invertir dinero o tomar decisiones de manera transparente y democrática.

**Drop:** el "*drop*" de NFT es como un evento especial en línea donde se ponen a disposición NFT para las personas que desean comprarlos. Es como si estuvieran dejando caer objetos digitales del cielo y las personas pueden atraparlos comprándolos. Los drops de NFT pueden ser muy emocionantes porque ofrecen la oportunidad de poseer objetos digitales únicos y especiales. Sin embargo, es necesario ser rápido ya que a veces están disponibles en cantidades limitadas.

**DeFi:** La "*DeFi*" (Finanzas Descentralizadas) en el mundo de las criptomonedas es un sistema donde las personas pueden usar su dinero digital para ganar más dinero sin necesidad de un banco tradicional. Es como tener una alcancía mágica que nos permite hacer crecer nuestro dinero en línea. Las personas pueden prestar su dinero a otras personas, pedir prestado dinero o incluso ganar recompensas al participar en juegos o actividades especiales. Es una nueva forma de administrar y hacer que el dinero trabaje utilizando la tecnología de las criptomonedas.

**DYOR:** "Do Your Own Research", "Haz tu propia investigación": el mundo de los NFT y las criptomonedas puede ser a veces caótico y conlleva riesgos, incluidas estafas. Por lo tanto, siempre se recomienda tomar el tiempo para investigar las razones detrás de la creación de una moneda o el lanzamiento de un NFT. Por lo general, es importante examinar el proyecto detrás de estos activos para asegurarse de su viabilidad. Con este fin, los creadores producen un documento llamado "*white paper*".

**ERC-20 / ERC-721 /ERC-1155:** Estas son reglas técnicas. ERC-20 permite la creación de tokens cuyo valor puede variar. ERC-721 (una categoría que apareció en la cadena de bloques Ethereum en 2017) se utiliza para activos únicos que tienen su propio valor. ERC-1155 permite, entre otras cosas, la creación de activos agrupados llamados "raffles".

**FOMO** (Fear Of Missing Out): Este acrónimo expresa el miedo a perder una oportunidad en el mercado.

**Gas:** Es la moneda utilizada para pagar a los participantes que registran las transacciones en la cadena de bloques. Cada cadena (Bitcoin, Bsc, Ethereum, Tezos, etc.) tiene diferentes tarifas de transacción, llamadas *"gas fee"*. La cantidad de gas necesaria para una transacción puede variar según la cantidad de transacciones en curso. La cadena ajustará automáticamente su consumo y priorizará las transacciones con las tarifas de gas más ventajosas.

**Hash:** una huella digital especial que ayuda a mantener seguras las transacciones. Es como un código secreto que cada transacción de Bitcoin tiene. El hash se crea tomando toda la información de la transacción y transformándola en un número único. Esto garantiza que las transacciones sean auténticas y que nadie pueda modificarlas. Piensa en ello como si cada transacción tuviera su propio sello de seguridad para protegerla.

**Marketplace:** una especie de gran tienda en línea donde las personas pueden comprar y vender objetos digitales especiales: los NFT. Es como si tuvieras un mercado virtual donde artistas y coleccionistas pueden encontrarse para intercambiar objetos digitales únicos. Los marketplaces ofrecen una plataforma donde las personas pueden descubrir, comprar y vender NFT de diferentes colecciones y artistas. Es un lugar emocionante donde se pueden encontrar obras de arte digitales, videos, música y muchas otras cosas.

**Metaverso:** un mundo virtual donde las personas pueden encontrarse e interactuar. Algunos metaversos son controlados por una sola empresa, como Fortnite y Roblox, mientras que otros, como The Sandbox y Decentraland, son descentralizados y administrados por una comunidad de personas.

**Mint:** es el momento en que se crea un objeto digital especial. Es como si estuvieras fabricando un NFT desde cero. Cuando un artista o creador quiere hacer un NFT, "minta" ese objeto utilizando un software especial. Esto le otorga un estado único y demuestra su autenticidad. Es dar vida a un objeto digital valioso para que pueda ser poseído, vendido y coleccionado. Una vez que el NFT está "mintado", puede ser intercambiado en los marketplaces y almacenado de manera segura en una billetera digital.

**Pool:** un lugar seguro en línea donde puedes almacenar y acumular tus activos digitales. Los "pools" permiten que otras personas siempre tengan dinero disponible, y a cambio, los prestamistas reciben una compensación. Es como si pusieras tu dinero en una caja fuerte virtual y, al mismo tiempo, ayudaras a otras personas a tener dinero cuando lo necesiten, y eres recompensado por ello.

**Smart contracts:** los "contratos inteligentes" son reglas automáticas especiales para los NFT. Se crean en la cadena de bloques y contienen instrucciones precisas sobre cómo se pueden utilizar los NFT. Son como su propio código. Por ejemplo, un contrato inteligente puede decir que un NFT solo se puede vender a un precio mínimo determinado o que solo se puede transferir a personas específicas. Estos contratos hacen que los NFT sean únicos y seguros, ya que garantizan que las reglas se cumplan y que nadie pueda cambiarlas. Es como si los NFT tuvieran su propio "cerebro" que les permite funcionar de manera autónoma y seguir las reglas establecidas.

**Token:** un "token" para los NFT es como una moneda especial que representa la propiedad o los derechos sobre un objeto digital. Imagina que tienes una tarjeta de colección única que nadie más tiene. Eso sería tu "token". Te permite demostrar que eres el verdadero propietario de ese objeto digital y que puedes venderlo, intercambiarlo o mostrarlo a otros. Los tokens se utilizan en los NFT para proporcionar valor y rareza a los objetos digitales, y se registran de manera segura en la cadena de bloques para garantizar su autenticidad.

**Wallet:** una "billetera" en el mundo de las criptomonedas es un lugar para tu dinero digital. Es un lugar seguro donde puedes almacenar, enviar y recibir tus criptomonedas. Es como tu billetera habitual donde guardas tu dinero en efectivo, pero esta vez es para tus criptos. Tu billetera suele ser un software especial instalado en tu computadora o teléfono, y te proporciona un número secreto llamado "clave privada" que te permite acceder a tus criptomonedas. Con tu billetera, puedes realizar transacciones, verificar tu saldo y mantener tus criptos seguras.